TIFFANY HART

Estime de soi,
confiance en soi, amour de soi...

# MARRE
## D'EN AVOIR
# MARRE

Comment changer, étape par étape

D1618902

JAY ÉDITIONS

# SOMMAIRE

## TRANSFORMATION PERSONELLE

# AVANT-PROPOS

"Tu as le pouvoir de contrôler tes pensées. Tu as le pouvoir de transformer la négativité en positivité. Tu as le pouvoir de transformer le doute en espoir. Tu as le pouvoir de transformer la peur en action. Et cela veut dire, que tu as le pouvoir de changer ta vie."
*Charlotte Freeman*

Découvrez les clés pour améliorer votre estime de soi, renforcer votre confiance en vous, cultiver l'amour de soi et surmonter l'anxiété dans ce livre guide de développement personnel. Plongez dans un voyage de transformation profonde et durable, en vous libérant de vos pensées négatives et en vous reconnectant à votre pouvoir intérieur. Vous méritez le bonheur, vous méritez le changement, et la réalité est telle que vous avez le pouvoir de changer votre situation actuelle. Vous avez le pouvoir d'apprendre à vous aimer, de vous libérer de votre passé, de créer un futur différent et de changer votre façon de penser! À travers ces pages, plongez dans un voyage de découverte de soi et d'empouvoirement. Mon souhait le plus profond est que ce livre puisse vous guider sur votre chemin de transformation personnelle, qu'il vous aidera à changer, à vous libérer, et à créer votre propre bonheur. Je vais directement à l'essentiel, aux informations clés et aux exercices transformateurs. **Je vous guide étape par étape vers une meilleure version de vous-même, pour vous aider à réellement changer votre vie. Le meilleur est à venir!**

# COMMENT NOUS FONCTIONNONS

## LA CLÉ POUR AGIR

### Les 3 cerveaux

Nous commençons le processus de transformation par la découverte rapide de l'anatomie de notre cerveau. Quoi de mieux que de comprendre comment notre cerveau fonctionne pour pouvoir par la suite reprendre le contrôle ses pensées, ses émotions et ses comportements. Il est à la base de tout n'est-ce pas ?

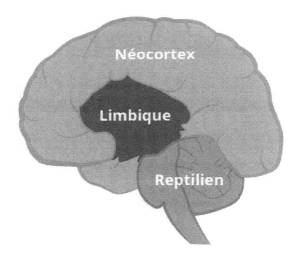

## LE CERVEAU REPTILIEN - INCONSCIENT

Le cerveau reptilien, nous renvoie à nos instincts de survie, à nos réflexes, à notre côté incontrôlable = C'est le centre instinctif, et le premier niveau de notre inconscient. Sa fonction unique est de garantir notre survie. Certains animaux, les vertébrés inférieurs et les reptiles notamment, sont régis uniquement par ce cerveau, d'où son nom.

<u>C'est lui qui assure :</u>

- **La régulation des fonctions vitales** : la respiration, la fréquence cardiaque, l'équilibre, la régulation de la température corporelle, etc.
- **Les besoins naturels** : l'alimentation, la sécurité, la reproduction, etc.
- **Les comportements primitifs** : instinct de survie en déclenchant certaines réactions comme l'agressivité, l'attaque ou la fuite, dont l'objectif est la conservation de l'espèce. (Son rôle engagé pour la survie le pousse à voir les choses plutôt de manière pessimiste.)

Il ne comprend ni nos émotions, ni notre jugement intellectuel.  Il est puissant, et influence l'ensemble de notre système. Il possède la capacité d'apprendre par conditionnement. Il est intéressant de noter et retenir, qu'il n'a aucune notion de temps (passé, présent, futur), c'est à dire que pour lui tout est présent..

## LE CERVEAU LIMBIQUE - INCONSCIENT

Le cerveau limbique nous renvoie à nos émotions, à nos sentiments = C'est le centre émotionnel. Il fait partie de notre inconscient comme le reptilien ; il mémorise les comportements agréables et désagréables pour nous, à l'origine de nos émotions et de nos jugements de valeurs. Il nous sert à entrer en relation avec les autres, mais aussi avec nous-même (ressentir) et joue un rôle très important dans la mémoire et dans la capacité d'apprendre. Le système limbique est à l'origine des émotions et il fonctionne un peu comme une centrale d'alarme. Lorsque nous pensons, percevons, ressentons, nous évaluons automatiquement inconsciemment l'effet produit, qu'il soit : *positif, neutre ou négatif.* Cette évaluation est ultrarapide (moins de 100 millisecondes). Lorsque nous avons une pensée, notre système limbique réagit instantanément et transmet des informations en fonction de la nature de ces pensées au tronc cérébral. Pour faire simple, l'émotion est déclenchée suite à un stimulus extérieur / intérieur interprété comme une urgence par une partie du cerveau. Le système limbique à l'origine des émotions, est doté d'un circuit de récompense. Son activation par un neuromédiateur, la dopamine, nous procure un sentiment de plaisir et de bien-être. Une personne, une situation, un objet peuvent devenir des objets de plaisir lorsque leur perception ou même leur évocation par l'imagination stimule des neurones sécréteurs de dopamine situés dans le système limbique. La connaissance de ce circuit de récompense est très utile notamment dans la compréhension et la guérison des addictions et troubles alimentaires. Nous aborderons plus loin et de manière plus précise le sujet des émotions.

## LE NÉOCORTEX - CONSCIENT

Le néocortex nous renvoie aux fonctions « supérieures » = C'est le centre mental. Il est le siège de la réflexion, de la planification (peser le pour et le contre avant d'agir). C'est le lieu de la conscience réflexive, que nous considérons comme notre "moi", car il s'agit de notre seule partie consciente. (« je suis conscient d'être conscient ») Le néocortex est à l'origine de notre langage, il sait écrire, analyser, faire des comparaisons, avoir des pensées abstraites ; c'est aussi lui qui crée l'impression de distance et la sensation de "temps" : le passé, présent, futur. Il faut savoir que le néo-cortex apprend et évolue sans cesse.

# COMMENT NOUS FONCTIONNONS

## Faire le lien - L'iceberg

"Arrivée à l'âge de 35 ans, 90% de qui nous sommes est un ensemble mémorisé de comportements, de réactions émotionnelles, d'habitudes inconscientes, d'attitudes figées, de croyances et de perceptions qui fonctionnent comme un programme informatique" - Joe Dispenza (Neuroscientifique)

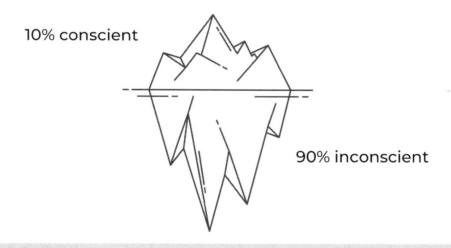

10% conscient

90% inconscient

## L'INCONSCIENT

L'inconscient est une partie de notre psyché, un espace de stockage comme le disque dur d'un ordinateur, contenant toutes nos expériences passées, tous nos souvenirs, les émotions, toutes nos leçons apprises, nos croyances, les comportements et habitudes mémorisés. C'est l'ensemble de tout ce que nous avons appris, et cela agit sur nous tout le temps et partout dans tous nos choix, toutes nos décisions de façon inconsciente. C'est la partie de l'iceberg qui est submergée, en d'autres termes il s'agit de la « programmation » qui crée notre réalité et... c'est lui qui est à l'origine de nos difficultés actuelles.

Entre 90% et 95% de notre fonctionnement global est géré par l'inconscient. Ce qui veut dire que la plupart de nos pensées, actions, et réactions chaque jour sont enfaite inconscientes et donc **majoritairement automatiques**. C'est particulièrement évident avec la respiration par exemple, ou la contraction ordonnée de nos muscles pour marcher, courir ou encore les tâches routinières comme pour la conduite ou se brosser les dents, mais en fait c'est le cas pratiquement tout le temps, dans notre façon d'interagir avec les autres, notre façon de penser, de réagir..

## LE CONSCIENT

Seul 5 à 10% de notre fonctionnement global est en fait géré par le conscient. Le conscient en bref, vous permet de prendre des décisions, de réfléchir, de faire des comparaisons ou bien des suppositions, de raisonner, d'analyser et de faire la synthèse. Je vous rappelle que le mot conscient a ici une signification littérale dans le sens où vous êtes conscient d'utiliser votre esprit pour faire quelque chose. Le conscient exerce son pouvoir de décision quant aux choix des informations venant de l'extérieur : Il va analyser, réfléchir, comparer, juger, accepter ou refuser, et modifier les données venant de l'extérieur. **Son rôle en soi, est donc de filtrer les informations**, en fonction des programmations déjà existantes. Nous pouvons utiliser les 10% de notre conscient, de notre volonté, pour essayer de changer un comportement, mais le problème étant que la plupart de nos comportements, habitudes et réactions émotionnelles sont installés, enracinés profondément dans notre inconscient.

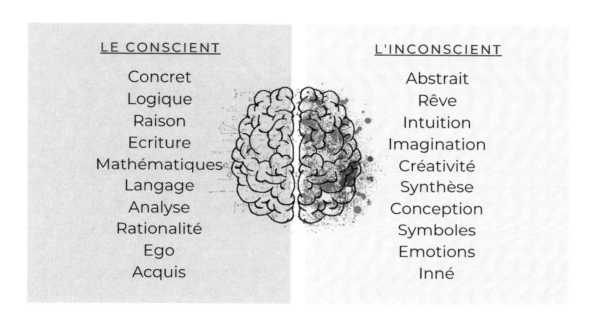

| LE CONSCIENT | L'INCONSCIENT |
|---|---|
| Concret | Abstrait |
| Logique | Rêve |
| Raison | Intuition |
| Ecriture | Imagination |
| Mathématiques | Créativité |
| Langage | Synthèse |
| Analyse | Conception |
| Rationalité | Symboles |
| Ego | Emotions |
| Acquis | Inné |

En réalité, nous fonctionnons en grande partie aveuglément, sur la base de nos **automatismes inconscients**, tout en étant persuadé de maîtriser parfaitement notre vie. Nous pouvons presque nous comparer à des robots, agissant de manière automatique en fonction de notre programmation du passé. Comme tout programme informatique, lorsqu'il n'est pas mis à jour, il devient, moins performent, le programme initial n'interagit plus correctement avec les nouveaux programmes, les nouvelles envies... Nos comportements et réactions émotionnelles automatiques peuvent alors nous limiter, nous bloquer dans notre vie et nous empêcher d'avancer, d'être pleinement heureux. Prendre conscience de ceci est la première étape vers le changement. La deuxième, est de devenir conscient de ses différents automatismes, afin d'éclaircir ses parties d'ombre, repérer et effectuer les changements nécessaires à son bonheur.

## LE LANGAGE DE L'INCONSCIENT

### - L'imagination :

Si on veut agir au niveau de son inconscient, il faut comprendre son langage. Celui de notre inconscient correspond notamment à des "images mentales", crées par notre imaginaire. Il aime alors les histoires, les métaphores et symboles. Lorsque l'on reproduit mentalement l'image d'une pensée ou objectif, notre inconscient s'en imprègne naturellement. Nos paroles et pensées sont traduites en images mentales et ces dernières, enregistrées par l'inconscient, y sont interprétées comme le but à atteindre. De ce fait, les forces mobilisées de l'esprit sont dirigées vers cet objectif. C'est pourquoi la reprogrammation positive que vous voulez introduire dans votre esprit passera plus facilement dans votre inconscient si le conscient (filtre) n'est pas pleinement actif.

### - La répétition :

C'est à travers la répétition que l'inconscient apprend et intègre de nouvelles choses. La répétition incessante et machinale finira par tromper la vigilance du conscient qui laissera passer le message. La nouvelle idée, pensée, croyance, comportement s'implantera dans votre inconscient et vous pourrez alors constater les manifestations matérielles et psychiques dans votre vie. C'est la raison pour laquelle vous remarquerez quelques notions qui seront répétées dans ce livre. C'est un moyen d'insister sur certaines informations qui vous serviront de "bases" dans votre transformation.

# COMMENT NOUS FONCTIONNONS

## L'ÉTAT D'HYPNOSE / DE CONSCIENCE MODIFIÉ

Comprendre l'état d'hypnose (ou l'état de conscience modifié)

### QU'EST CE QUE L'ÉTAT D'HYPNOSE ?

« L'état d'hypnose », aussi appelé « EMC - état modifié de conscience » est un terme qui caractérise un mode de fonctionnement de notre cerveau. Pour faire simple, c'est un état naturel entre la veille et le sommeil, **un état d'intense relaxation physique et de concentration mentale**, où il n'y a rien d'artificiel ni de surnaturel. (Contrairement à ce que l'on pourrait penser.)

Nous traversons tous, plusieurs fois par jour des *états d'hypnose* légères ou plus profondes ; lorsque nous sommes plongés dans un bon film par exemple, ou dans un livre, on peut nous parler mais nous sommes comme "absorbé", "ailleurs", ou bien lorsque nous sommes en voiture et que nous arrivons au travail sans avoir réfléchi au chemin à prendre, ni s'être rendu compte du temps écoulé. Les études scientifiques prouvent que l'association de la relaxation physique et la concentration axée vers l'intérieur de soi déclenche un ralentissement des ondes cérébrales. Des changements neurophysiologiques, émotionnels et cognitifs sont visibles entre autres par IRM. Les ondes vont se caler sur les fréquences appelé « Theta » ou « Alpha » et nos deux hémisphères cérébraux vont alors se synchroniser. Il se mettent à fonctionner au diapason, c'est-à-dire sur des fréquences beaucoup plus proches.

## RELAXATION PHYSIQUE + CONCENTRATION VERS L'INTÉRIEUR DE SOI = *ÉTAT D'HYPNOSE*

## QU'EST CE QUE DES ONDES CÉRÉBRALES ?

Le cerveau humain est constitué de plusieurs milliards de neurones, qui échangent en permanence des informations. Celles-ci provoquent l'émission de courant électrique, ce que l'on appelle « ondes cérébrales ». Ces ondes cérébrales que l'on peut voir à l'électroencéphalogramme (EGG), varient en fréquence selon notre activité d'éveil, de sommeil et de rêve. Elles sont nommées par une lettre grecque : Alpha, Bêta, Thêta, Delta, Gamma et mesurées en hertz. THETA (fréquences 4.0 à 8 Hz) et ALPHA (fréquences 8 à 12 Hz) sont caractéristiques de l'état d'hypnose et de méditation.

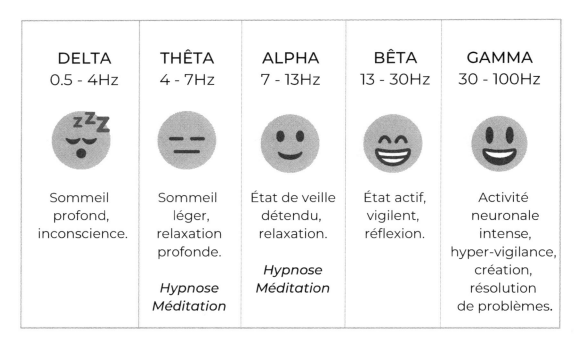

| DELTA<br>0.5 - 4Hz | THÊTA<br>4 - 7Hz | ALPHA<br>7 - 13Hz | BÊTA<br>13 - 30Hz | GAMMA<br>30 - 100Hz |
|---|---|---|---|---|
| Sommeil profond, inconscience. | Sommeil léger, relaxation profonde.<br><br>*Hypnose Méditation* | État de veille détendu, relaxation.<br><br>*Hypnose Méditation* | État actif, vigilent, réflexion. | Activité neuronale intense, hyper-vigilance, création, résolution de problèmes. |

**Chaque mal, ou presque, trouve son origine dans le cerveau.** La compréhension et l'utilisation de l'état d'hypnose nous offre à tous et à toutes, la possibilité d'un travail rapide en profondeur sur ses blessures et ses blocages. Sur tout ce qui nous limite dans la vie. Grâce aux dernières recherches notamment en neurosciences, l'hypnose est aujourd'hui scientifiquement prouvée. Reconnu pour être un outil puissant de "reprogrammation". Il agit au-delà des barrières conscientes et de l'esprit critique. En état de détente, le conscient (souvenez-vous, le filtre) est moins vigilant, presque en veille. Il va laisser passer les messages et l'inconscient lui acceptera plus facilement les nouvelles informations, les nouvelles croyances, les nouveaux messages. En effet, les recherches démontrent clairement que dans cet état, il est plus facile d'intégrer, retenir et assimiler de l'information.

Contrairement à certaines idées reçues, l'hypnose et les autres approches similaires (TCC, sophrologie, EMDR...) qui utilisent cet état de conscience modifié : *agissent en profondeur* directement à la source et permettent de résoudre les difficultés pour lesquelles d'autres approches s'avèrent impuissantes. Au lieu de simplement masquer temporairement les symptômes, elles apportent une solution naturelle et efficace à tous les problèmes du quotidien qu'une personne peut rencontrer. Tels que les troubles du sommeil, les douleurs physiques, le stress, l'anxiété, les angoisses, les peurs et phobies, les blocages, les troubles alimentaires, les addictions (tabac, cannabis, alcool...), les deuils, la confiance en soi, la gestion des émotions, le mal-être.. Mais vous vous demandez comment l'utiliser soi-même exactement ? Comment l'utiliser pour changer et changer sa vie ?

# COMMENT NOUS FONCTIONNONS

## LES SECRETS DU CHANGEMENT

### Ce qu'on ne vous a jamais dit

## SECRET DU CHANGEMENT N°1

### - L'état d'hypnose -  Un des clés du changement

Comme nous avons vu précédemment, cet état d'hypnose ou d'EMC (état de conscience modifié) permet de dépasser le conscient, le néocortex (le cerveau analytique) et ainsi accéder à l'inconscient, ce vaste réservoir d'informations (habituellement inaccessible). C'est finalement un mécanisme simple pour accéder ou « se connecter »  à notre inconscient et nous permet de communiquer avec celui-ci afin d'enclencher les processus de changement ou de reprogrammation souhaités.

- Pourquoi ?

Vous l'aurez compris maintenant (et oui, souvenez-vous - la répétition est clé à l'intégration de nouvelles informations). Lorsque nous sommes dans cet état nous sommes hautement suggestibles a l'information externe, puisque la barrière de l'esprit conscient, la partie analyse, critique (qui normalement va filtrer et analyser les informations avant leur intégration),  est en quelque sorte mise « en veille ». Il est donc beaucoup plus aisé d'introduire dans un tel état, des messages dans l'inconscient car ils ne seront pas modifiés ou bloqués par le conscient.

16

Nous pouvons alors absorber plus facilement et plus rapidement de nouvelles pensées et croyances. Créant de nouveaux schémas neurologiques, de nouveaux états d'être, et une nouvelle réalité. Cet état (hypnose/méditation) stimule également la réflexion profonde, la résolution de problèmes, il stabilise les émotions, augmente la mémoire et facilite la guérison psychique, mentale et physique. Un travail avec notre inconscient dans cet état permet de se libérer d'émotions négatives du passé qui sont toujours actives et qui nous affectent et nous bloquent dans le présent.

## SECRET DU CHANGEMENT N°2

**-L'origine de nos problèmes actuelles est dans le passé.**

À l'origine de toute problématique, qu'il s'agit d'un manque de confiance, d'un mal-être, de l'anxiété, de peurs, de phobie, d'excès de colère ou encore d'addictions.. Il y a des émotions "négatives" du passé qui sont restées engrammées. Ces émotions restent actives et s'imposent à nous dans le présent. Je vous explique :

Pour bien comprendre, imaginez.. D'un côté nous avons **LE CERVEAU QUI RÉFLÉCHIT**, et de l'autre **LE CERVEAU ÉMOTIONNEL**. Tout au long de notre vie on va vivre des situations, des expériences, des émotions. Le cerveau qui réfléchit va ensuite trier, organiser, stocker et archiver les événements et ensuite ils nous embêtent plus. Mais parfois... Il y a des choses qui sont restées bloquées dans le cerveau émotionnel, des choses qui n'ont pas été digérées. Des fois on en a conscience, des fois on en a pas conscience.

17

## Comment surviennent ces "blocages émotionnels" ?

Lorsque nous vivons un événement ou une situation qui nous déclenche une réaction émotionnelle très forte, il est possible que sur le moment nous n'arrivons pas ou ne savons pas comment digérer l'émotion. Généralement ces blocages surviennent lorsque l'on se sent submergé, submergé par la situation et par nos émotions. Et cela peut arriver très vite pour la plupart d'entre nous.

L'émotion reste alors comme "bloquée" avec le souvenir de l'événement et crée un filtre (une croyance) négative. (Nous verrons par la suite l'importance des croyances dans notre vie.) La nature de l'événement n'a pas vraiment d'importance, c'est la façon dont notre cerveau va interpréter les choses et comment nous gérons les émotions qui surviennent sur le moment. Parfois, nous sommes conscients de notre blocage, et nous souhaitons mettre en place des changements. Mais nous n'y parvenons pas, malgré une grande détermination. Le cerveau qui réfléchit peut avoir tous les raisonnements du monde pour lesquels on ne devrait pas ressentir ou agir de cette manière mais il y a comme des choses qui coincent. C'est plus fort que nous. On sait que la petite araignée ne présente aucun danger, que l'on ne "devrait pas avoir peur" mais l'émotion qu'elle déclenche est trop forte. On sait que cette rupture est passé, que c'est terminé et qu'il faut avancer maintenant. Mais l'émotion est toujours là omniprésente, un rappel constant de notre souffrance du passé. La partie consciente de notre cerveau veut changer, se libérer mais la partie inconsciente et donc émotionnelle l'en empêche. Nous restons bloqués, paralysés par la blessure et croyance inconsciente qui s'est enracinée pour nous protéger. Évidemment, il nous protège à sa manière...   Il y a des milliers d'années, il était primordial que l'homme se souvienne d'évènements déclenchant des émotions fortes, comme par exemple manger une baie toxique, fuir les animaux dangereux, protéger son territoire de d'autres tribu... Cela nous permettait de ne pas refaire les mêmes erreurs, et hélas rester en vie le plus longtemps possible. Mais nos vies n'étaient pas les mêmes... Très loin même d'être les mêmes. Nos besoins primaires physiologiques et de sécurité sont loin d'être une préoccupation pour la majorité d'entre nous maintenant. Mais le fonctionnement de notre cerveau reste le même...

Malgré ces blocages, il est possible de faire le ménage, de nettoyer tout ce qui n'a pas été digéré, tout ce qui est resté bloqué du passé. Tout ce qui vous affecte toujours dans le présent pour pouvoir archiver ces évènements, vous libérer d'émotions désagréables, de croyances négatives limitantes et reprendre le contrôle de votre vie. Dans la suite du livre je vous apporte les clés nécessaires, des techniques simples mais puissantes qui mènent au changement. Je vous donne ces clés, à vous de décider d'agir et d'ouvrir les portes ou non.. **Car le changement ne peut que venir de l'intérieur. Le changement ne peut que venir de vous-même.** Vous êtes maître de votre changement, maître de vos décisions, de votre vie.

### L'impact réel de notre enfance sur notre identité

Le saviez-vous que nous sommes programmés, conditionnées **les 7 premières années de notre vie ?** Pour vous expliquer, je vais simplement comparer un nouveau-né à un ordinateur et son inconscient à un disque dur. Un bébé naît donc avec un disque dur vide/vierge, il est né sans croyances limitantes, sans peurs irrationnelles et sans anxiété. C'est plus tard que l'on développe des peurs, de l'anxiété, des blessures et des blocages.  C'est plus tard, en fonction de notre environnement, nos expériences et conditions de vie que seront déclenché ou non certains gènes responsables de maladies. Peut-être que jusqu'ici vous vous décriviez ou un de vos proches comme étant une personne de nature anxieuse ou de nature stressé, colérique ou peureux ? Et bien vous ne l'avez pas toujours été, ils ne l'ont pas toujours été.

L'esprit conscient n'est pleinement opérationnel qu'après l'âge de 7 ans, c'est-à-dire que les 7 premières années l'esprit est dans un état vibrationnel, de fréquence inférieur appelé « Theta ». Comme expliqué précédemment « Theta » est un état de conscience modifié. Un enfant est donc en quelque sorte dans « un état d'hypnose », d'haute suggestibilité, les 7 premières années de sa vie. Il ne possède pas la capacité d'analyse et de raisonnement d'un adulte et il ne possède pas non plus de « filtre » (le néocortex d'étant pas encore développé). L'information auquel il est exposé est enregistré automatiquement sans analyse dans son inconscient. Sans l'installation de « programmes », sans « bases », l'humain comme l'ordinateur ne fonctionnerait pas correctement. Nous pouvons alors comprendre, que la nature a créé ces 7 premières années de «téléchargement en état d'hypnose» afin de créer une sorte de programmation initiale, de programmation de base. L'enfant va observer les gens autour de lui, ses parents, ses frères, ses sœurs et la société. Observer leurs façon de parler, leur comportements, les copier, les télécharger et les intégrer directement comme programmation de base. À partir de ce conditionnement, cela va construire son identité, ses valeurs, ses croyances, sa vision de la réalité avec ce qui est « bien » ou « mal », normal ou anormal, logique illogique, acceptable ou non. Et cela va influencer sa vie entièrement.

Comprendre l'impact de notre enfance et notre programmation initiale nous reconnecte à notre pouvoir. Nous pouvons revoir cette programmation, en devenir consciente pour se libérer de tout ce qui est source de mal-être et vivre une vie alignée avec qui nous sommes réellement. Avec qui nous voulons être.

Dans ce premier chapitre nous avons posé les premières briques, les premières fondations qui vont nous soutenir durant ce processus de transformation. Il est temps maintenant de regarder en soi, et débuter réellement ce travail interne pour commencer à changer et parallèlement à ça, changer votre vie !

# APPRENDRE À SE CONNAÎTRE

## SE RECONNECTER À SOI

# APPRENDRE À SE CONNAÎTRE

## SE RECONNECTER À SOI

### Démarche à suivre

Comme son titre l'indique cette première partie a pour objectif de vous guider dans une démarche de connaissance de soi. C'est la première étape, primordiale pour "dégager la voie", éclaircir et instaurer de bonnes bases pour la suite. Installez-vous dans un endroit calme, détendez-vous et posez-vous les questions suivantes. Tâchez de faire preuve de douceur et d'honnêteté avec vous-même, et n'oubliez pas ; Il n'y a pas de bonne ou de mauvaise réponse. Essayez également d'être spontanée dans vos réponses, n'y réfléchissez pas trop.

➠ Parfois ce que nous pensons ou désirons le plus n'est pas conforme avec les attentes de la société actuelle, ou les attentes des autres. Mais il est important de faire preuve d'honnêteté si nous voulons nous reconnecter à soi-même.

➠ Autorisez-vous, permettez-vous de voir au-delà de toutes ces restrictions invisibles. Lâchez prise. Certes, ce sont des questions simples mais pas faciles pour autant. Alors, ne vous inquiétez pas si les réponses ne viennent pas immédiatement ou même pas du tout au début.

➠ C'est un processus. Vous pouvez prendre une pause, y revenir à n'importe quel moment. D'autant plus que le fait de laisser du temps entre chaque étape, peut aussi vous aider à prendre du recul, et de laisser les réponses émerger naturellement en vous, sans forcer. Le plus important c'est de vous écouter, de faire les choses à votre rythme, et de la manière qui vous semble le mieux pour vous. Il n'y a pas non plus d'ordre obligatoire, vous allez vous même naturellement faire des liens et poursuivre votre réflexion.

➡ **Pourquoi ces questions ?** En vous posant cette série de questions, vous allez apprendre à connaître le vrai « MOI » en dessous des couches de conditionnement, des attentes, des obligations et opinions des autres. Ceux de la société, des parents, des profs... Le vrai "moi" en dessous de ces couches de peurs, de blessures et de blocages. C'est-ce qu'on appelle tout simplement l'introspection et cela mène à la reconnexion à soi. Et rien n'est plus efficace pour débuter un cheminement vers le changement.

Pour mieux vous expliquer ce concept de "couches". Je vais vous raconter une petite histoire de Joseph Campell (écrivain et conférencier) que j'apprécie particulièrement.

C'est l'histoire d'un petit village asiatique. Ils possédaient une énorme statue de bouddha en or pur. Les villageois en étaient tellement fiers et se réunissaient autour de celui-ci quotidiennement. Un jour ils entendirent qu'un village voisin se préparait à venir les attaquer, ils ont alors recouvert la statue de couches et de couches d'argile et de boue pour cacher sa vraie valeur. La guerre est arrivée, les années sont passées et la statue est restée cachée, oubliée. Les futures générations n'avaient pas idée de sa valeur, que la statue était en réalité en or. Un jour après des semaines de pluie, un enfant assis auprès de celle-ci, aperçût une lueur de doré à travers une fissure dans l'argile..

Rappelez-vous, personne n'est brisé, personne n'est cassé. Les clés pour changer, pour créer votre bonheur sont déjà en vous. Les clés pour transformer votre vie sont en vous.

Nous n'avons pas besoin de chercher des choses à l'extérieur de soi pour se « réparer », c'est seulement en se tournant vers l'intérieur que tout s'éclaircit et que les choses peuvent commencer à changer. Lorsque nous commençons à travailler sur nous-mêmes, que nous apprenons, grandissons et entrons plus en contact avec notre moi profond. Lorsque nous commençons à nous aimer et à nous accepter pour qui nous sommes, à prendre responsabilité de nos vies et à créer consciemment notre réalité, c'est ainsi que nous ciselons l'argile. Et tout cet or n'attend qu'une seule chose, briller...

➡ Chaque question à laquelle vous allez répondre est en soi, un pas de plus vers la reconnexion à soi et parallèlement à ça une vie plus épanouie. Félicitez-vous d'avoir eu le courage et l'envie de commencer ce processus. Et rappelez-vous aussi souvent que possible, tout ce potentiel est déjà en vous. Vous décidez ce qui est possible pour vous !

"PARFOIS LE PLUS **PETIT PAS** DANS LA BONNE DIRECTION PEUT S'AVÉRER LE **PLUS IMPORTANT** DE TOUTE VOTRE VIE. FAITES CE PAS, MÊME SI C'EST SUR LA POINTE DES PIEDS."
- BARBARA PEASE

1- Quel animal me représente le mieux ? Pourquoi ?

2- Qu'est qui me rend heureux(se), de manière générale? Pourquoi cela ?

3 - Qu'est-ce que j'aime faire au point de ne pas voir le temps passer ? Pourquoi ? Comment est-ce que je me sens ?

26

4- Quelles sont les activités qui m'amènent dans un état de joie, de plaisir et de bien-être?

5- Qu'est ce qui me tient le plus à cœur dans la vie ?

6- Qu'est-ce que j'aime faire, pour faire plaisir aux autres ?

7- Qu'est-ce qui me donne le plus d'énergie ?

8- Qu'est-ce qui m'émeut à m'en faire pleurer, de joie ou de tristesse? Pourquoi ?

9- Qu'est-ce que j'aimais faire enfant, que je ne fais plus vraiment aujourd'hui ?

10- Quand est-ce que je me sens le mieux ? Pourquoi ?

11- Une journée idéale pour moi ça serait quoi ?

12- Qu'est-ce que je fais au quotidien pour moi, pour mon plaisir, et pour mon bien-être (mental, physique, spirituel..)?

13- Que devrais-je faire / qu'est-ce que je pourrais faire d'autre ou davantage pour me sentir mieux ?

14- Qu'est-ce que j'apprécie le plus dans ma vie maintenant? En quoi c'est important pour moi ?

15- Qu'est-ce que j'apprécie le moins dans ma vie maintenant? (ex : situation, comportements limitants, stress, peurs, émotions désagréables, pensées négatives...)

16- De quoi ai-je envie d'avoir d'avantage dans ma vie ?
(Ex: Plus de stabilité, d'argent, d'amour, de connexion, d'écoute, plus de bonheur, de rires, de sécurité, d'équilibre..)

17- Qu'est ce que je voudrais ressentir ? Comment voudrais-je me sentir ? (Aimé(e), accepté(e), courageux(se), déterminé(e), méritant(e), important(e), libre, soutenu(e)..)

18- Quels sont mes plus grands besoins? (Ex: besoin d'être reconnu(e), entendu(e), vue, besoin de me sentir utile, libre..)

19- De quoi ai-je besoin pour avoir plus d'amour, de bienveillance et de compassion pour moi même ?

De quoi ai-je besoin pour avoir plus confiance en moi ?

20- Est-ce que j'ai confiance en moi même ?

> Si oui, qu'est ce qui me fais dire ça ?

> Si non, qu'est ce qui m'empêche (à mon avis) d'avoir confiance en moi même?

> Est-ce que je tient mes engagements envers moi même, est-ce que je fais ce que je me dis que je vais faire ?

21 - En quoi suis-je unique?

23- Qu'est-ce que j'aime chez moi ?
Physiquement et mentalement.




24 - Quelles sont mes qualités ? Mes défauts ?




25- Quelle est ma plus grande force? Pourquoi est-ce une force ?

26 - Quelle est ma plus grande faiblesse ?
Pourquoi est-ce une faiblesse pour moi ?

27 - Quel est mon plus grand principe de vie?

28 - De quoi ai-je peur dans la vie ?

## 29 - Quelle est ma plus grande peur ?

## 30 - Quelle est ma plus grande souffrance?

## 31 - Qu'est ce que est difficile pour moi dans la vie, et pourquoi ?

32 - Qu'est-ce que j'ai surmonté dans ma vie ?
Qu'est-ce que l'expérience m'a appris ?

33 - En quoi suis-je fière de moi ?

34 - Quelles sont mes réussites de ce mois ?

## 35 - Quelles sont mes réussites de cette année ?

## 36 - Quelles sont les réussites de ma vie ?

## 37 - Combien de périodes difficiles ai-je eu dans ma vie ?

38 - Si je devais mettre un seul mot pour décrire chaque période difficile ? (1er ou 2ème mot qui vous vient à l'esprit)

39 - Qu'est-ce qui se répète souvent dans ma vie ? (conflits, événements, comportements, ressentis, émotions, sentiments..)
*Ex : injustice, abandon, trahison, colère..*

40 - De quoi ai-je le plus manqué dans ma vie?

41 - Quels cadeaux m'ont apporté les plus grandes épreuves de ma vie ?

42 - Il y a t-il des évènements que je n'ai pas encore digéré émotionnellement ? Quels sont les deuils que je n'ai pas encore fait ? Est-ce qu'il y a des choses dans ma vie (circonstances, situations, évènements..) dont je ne pense pas avoir totalement accepté?

43 - Il y a t-il des évènements de ma vie qui me reviennent souvent en tête, des pensées / images accompagnées d'émotions fortes ?

44 - Si je m'imagine dans 10 ans, quel est le meilleur conseil que je pourrais donner au "moi" d'aujourd'hui?

45 - De quoi ai-je besoin aujourd'hui pour être plus heureux(se) ?

46 - Et si je devais définir précisément ce que cela représente pour moi de s'aimer ?

47 - Quels sont les domaines où j'ai pour l'instant manqué de confiance ?

48 - Si je gagne en amour propre et en confiance, qu'est-ce que je vais faire de plus/ou faire mieux, dans ma vie ?

49 - Et si je devais définir précisément ce que cela représente pour moi d'avoir "confiance en soi" ?

50 - Pour quelle(s) raison(s) est-ce que j'ai acheté ce livre ?
Quelles sont mes envies / objectifs ?

51 - Combien de temps puis-je y accorder quotidiennement ?

52 - Qu'est ce que je suis prêt(e) à faire pour y parvenir ?

53 - Qu'est-ce qui sera possible quand cet objectif sera atteint et présent au quotidien ? Qu'est-ce que je ferais de différent ?

54 - Qu'est-ce que je peux faire pour changer, là maintenant ?

55 - Que puis-je faire au quotidien pour m'aimer davantage ?

56 - Et si je pouvais parler à mon enfant intérieur, cet enfant blessé, qu'est-ce que je lui dirais ?

57 - Si l'argent n'était pas un problème, qu'est ce que je ferais de ma vie ?

**Bravo !** Vous avez répondu à la première série de questions, vous êtes sur la bonne voie, celle de la reconnexion avec votre « moi » profond. Avant de poursuivre le reste du livre, je vous invite maintenant à remplir vos fiches de "survie". Ces fiches vous serviront dans les moments de doutes, dans les moments difficiles, dans les moments où la vie prendra le dessus. Lorsque votre esprit vous trouvera des excuses pour ne pas continuer ce livre. Elles vous permettront de vous rappeler de votre objectif, vous rappeler de votre valeur et vous booster à faire le nécessaire pour vous épanouir.

# FICHE BILAN N°1

## CE QUI ME REND HEUREUX(SE)

# FICHE BILAN N°2

## CE QUI ME REND UNIQUE

# FICHE BILAN N°3

# FICHE BILAN N°4

## QU'EST CE QUE JE VEUX CHANGER - POURQUOI

### Test de personnalité

Je vous propose de faire un test de personnalité gratuit en ligne, cela va vous permettre de vous découvrir plus profondément encore. Il vous suffit de chercher "test de personnalité" sur internet.

Le test ne prendra que 10 minutes de votre temps. Je vous invite vraiment à le faire avant de poursuivre. C'est un pas de plus vers une meilleure connaissance de vous-même. Connaître son type de personnalité permet non seulement de comprendre la manière dont chacun perçoit le monde et interagit, mais aussi de clarifier ses motivations et celles des autres. Ce modèle constitue une base solide pour toute transformation personnelle.

Connaître votre type de personnalité vous aidera à mieux vous comprendre, de comprendre certaines de vos réactions face à des situations, ou bien de mettre des mots sur ce que vous ressentez. Le test est un indicateur typologique basé sur la théorie des types psychologiques de Carl Jung et Myers-Briggs. Il est construit à partir de quatre échelles. Ce sont les suivantes :

D'où tire-t-on son énergie : **Extraversion (E) ou Introversion (I)**
Comment perçoit-on les choses : **Détection (S) ou Intuition (N)**
Comment prend-on ses décisions : **Pensée (T) ou Sentiment (F)**
Comment aborde-t-on le monde : **Jugement (J) ou Perception (P)**

En fonction des résultats obtenus dans chacune de ces quatre dimensions, ils forment un code, une série de lettres qui définiront notre style de personnalité. Ce sont les suivantes :

## LES ANALYSTES

**INTJ – ARCHITECTE**
Penseurs imaginatifs et stratège, avec un plan pour tout.

**INTP – LOGICIEN**
Inventeurs innovateurs dotés d'une soif de connaissances.

**ENTJ – COMMANDANT**
Leaders imaginatifs dotés d'un fort caractère, qui trouvent toujours un moyen d'arriver à leurs fins.

**ENTP – INNOVATEURS**
Penseurs astucieux et curieux, incapables de résister à un défi intellectuel.

## LES DIPLOMATES

**INFJ - AVOCAT**
Idéalistes calmes et mystiques inspirant et infatigables.

**INFP - MÉDIATEUR**
Personnes poétiques, gentilles et altruistes qui sont toujours prêtes à soutenir une bonne cause.

**ENFJ - PROTAGONISTE**
Leaders charismatiques et inspirants, capables de fasciner leurs publics.

**ENFP - INSPIRATEUR**
Esprits libres enthousiastes, créatifs et sociables, qui arrivent toujours à trouver une raison de sourire.

## LES SENTINELLES

### ISTJ - LOGISTICIEN
Individus pragmatiques et intéressés par les faits dont le sérieux ne saurait être mis en cause.

### ISFJ - DEFENSEUR
Protecteurs très dévoués et chaleureux, toujours prêts à défendre ceux qu'ils aiment.

### ESTJ - DIRECTEUR
Excellents gestionnaires, d'une efficacité inégalée quand il s'agit de gérer les choses ou les gens.

### ESFJ - CONSUL
Personnes attentionnées, sociables et populaires. Toujours prêtes à aider les autres.

## LES EXPLORATEURS

### ISTP - VIRTUOSE
Expérimenteurs hardis et pragmatiques, maîtres de toutes sortes d'outils.

### ISFP - AVENTURIER
Artistes flexibles et charmants, toujours prêts à explorer et à essayer quelque chose de nouveau.

### ESTP - ENTREPRENEUR
Personnes astucieuses, énergétiques et très perspicaces, qui aiment vivre à la pointe du progrès.

### ESFP - AMUSEUR
Amuseurs spontanés, énergiques et enthousiastes avec qui on ne s'ennuie jamais.

Source : https://www.16personalities.com/fr/types-de-personnalite

### Comprendre les résultats du test de personnalité

➡ **Extraversion (E) – Introversion (I)**

Ces lettres concernent la manière d'interagir avec le monde.

- **Extraverti** : Vous puisez votre énergie de l'environnement extérieur, les gens, les activités et les expériences. Vous êtes plutôt actif et expressif. [Vous êtes dans L'ACTION]
- **Introverti** : Vous puisez votre énergie de l'univers intérieur des idées, des souvenirs, des pensées et des émotions. Vous êtes plutôt réfléchi et réservé. [Vous êtes plus dans la REFLEXION] (Réservé, ne signifie par forcément timide.)

➡ **Détection (S) – Intuition (N)**

Ces lettres concernent le recueil d'information, c'est-à-dire le mode de perception de chacun.

- **Sensation** : Vous remarquez les faits, les détails et les réalités du monde qui vous entoure. Vous recueillez des informations concrètes et tangibles. Vous êtes plutôt terre-à-terre. [PRÉSENT]
- **Intuition** : Vous abordez les données dans leur globalité et vous êtes davantage intéressé par leur sens, les relations entre les choses, et les possibilités, au-delà des faits directement observables. Vous recueillez des informations abstraites et intangibles. Vous êtes plutôt imaginatif. [FUTUR]

➡ Pensée (T) – Sentiment (F)

Les lettres T/F concernent la mise de décision.

- **Pensée** : Vous prenez des décisions en vous basant sur des critères objectifs et impersonnels. Vous êtes logique. Vous recherchez la vérité. [RAISON]
- **Sentiment** : Vous prenez des décisions en tenant compte de vos valeurs et de vos impressions personnelles. Vous êtes sensible. Vous recherchez l'harmonie. [EMPATHIE]

➡ Juger (J) – Percevoir (P)

Les lettres J/P concernent le mode d'action (ou encore le style de vie).

- **Jugement** : Vous préférez vivre dans un environnement structuré, ordonné et prévisible, que vous pouvez contrôler. Vous êtes plutôt organisé et formel. [ORGANISATION]
- **Perception** : Vous préférez expérimenter autant que possible, vous êtes donc très ouverts aux changements. Vous êtes plutôt flexible, curieux et non conformiste. [ADAPTATION]

## Mon résultat :

**Les deux états d'esprits : Mentalité fixe / mentalité de croissance**

Les recherches de Carole Dweck, une chercheuse en psychologie et en neurosciences, ont permis d'aboutir à la découverte du "Growth Mindset" (Mentalité de croissance) et du "Fixed minsdet". (Mentalité fixe) Voici ce qu'il faut en retenir :

| MENTALITÉ DE CROISSANCE | MENTALITÉ FIXE |
|---|---|
| "L'INTELLIGENCE ET LES CAPACITÉS SE DÉVELOPPENT, ON PEUT TOUT APPRENDRE ET TOUT FAIRE". | "L'INTELLIGENCE ET LES CAPACITÉS SONT FIXES, SOIT TU LES AS, SOIT TU LES AS PAS". |
| Avec une mentalité de croissance nous avons tendance à : | Avec une mentalité fixe nous avons tendance à : |
| Essayer de nouvelles choses, sortir de sa zone de confort et tenter de nouveaux challenges | Eviter les challenges et éviter de sortir de sa zone de confort |
| Être persévérant et ne jamais abandonner | Abandonner facilement |
| Pratiquer l'auto-compassion (discours interne positive) | Considérer les efforts comme vains |
| Apprendre de nos erreurs, en tirer des leçons pour évoluer | Être très critique envers soi-meme (discours interne négatif) |
| Prendre responsabilité pour sa vie, les cironstances et ses décisions | Critiquer et juger les autres |
| | Ne pas prendre responsabilité de sa vie et à basculer dans le "rôle de la victime" |

## - Mentalité Fixe (Fixed Mindset)

Avoir une mentalité fixe (Fixed Mindset), c'est penser que l'on naît tout simplement avec une personnalité fixe. C'est-à-dire avec des qualités, des défauts, des capacités, des talents, aptitudes ainsi qu'une intelligence figée, qui ne progressera jamais. C'est penser "Je suis ainsi" et donc ne jamais rien mettre en place pour changer. *Il y en a qui sont intelligents et d'autres non, il y en a qui sont doués en maths, en langues, d'autres qui sont fait pour les sports d'endurance, certains sont des leaders nés, d'autres encore ont un don pour la musique.. Certains sont anxieux ou timides, d'autres confiants et zen..* Les gens qui ont un état d'esprit fixe voient donc leurs forces et leurs faiblesses comme des traits de personnalité, comme constituant de qui ils sont en tant que personne, et ils prennent toutes leurs décisions en accord avec ces croyances.

Par conséquent, elles vont prendre moins de risques, et éviteront d'essayer de nouvelles choses même si l'envie profonde peut être présente. Quand elles font des erreurs, les personnes qui possèdent une mentalité fixe ont plus tendance à penser que c'est dû à leur incompétence naturelle, et qu'elles ne peuvent rien y faire, au lieu de les voir comme des opportunités d'apprendre et d'évoluer. Elles ont aussi plus tendance à blâmer les autres pour leurs échecs, qu'à en prendre la responsabilité et en tirer les leçons. Enfin, ils n'aiment pas la difficulté, puisqu'ils la considèrent comme la preuve qu'ils n'ont pas les compétences nécessaires pour effectuer une tâche ; et vu qu'ils ne peuvent changer, à quoi bon se donner du mal ?

La mentalité fixe est donc un cercle vicieux qui nous pousse à rester dans une zone de confort très restreinte dans laquelle les prises de risques et les erreurs sont à éviter, car inutiles. Le manque de fierté et d'accomplissement conduit à la naissance et/ou renforcement de pensées négatives et de croyances limitantes. Elle nous enferme également dans le rôle de "la victime", et nous prive de notre plein pouvoir le pouvoir de prendre responsabilité de sa vie, de ses décisions...

- Mentalité de croissance (Growth Mindset )

Au contraire, avoir une mentalité de croissance ou (Growth Mindset), c'est penser que je peux changer à tout moment, que ce que je suis évolue : mes capacités, mon intelligence, mes forces peuvent évoluer. Vous croyez que vos qualités sont avant tout développées en travaillant, et que tout le monde peut s'améliorer à force de travail et d'application. Qu'importe votre point de départ : votre personnalité, vos aptitudes et vos compétences peuvent se développer.

Pour les personnes avec un état d'esprit de croissance, l'objectif est d'apprendre pour progresser. Avec le temps et l'effort, je *suis capable d'apprendre et de m'améliorer !* C'est prendre conscience de sa responsabilité, de qui vous êtes actuellement et où vous êtes dans votre vie. "Qui je suis maintenant est différent de qui j'étais il y a quelques années est encore différent de qui je serai dans le futur." Une mentalité de croissance, contrairement à une mentalité « fixe », n'est pas figée. Avoir cette mentalité, c'est donc être conscient qu'avec le temps et avec des efforts, de la pratique, on peut s'améliorer jour après jour. On peut devenir une meilleure version de soi-même, pour pouvoir exploiter son plein potentiel et se sentir épanouie. Tout est possible, à celui qui se donne les moyens. Comme le dit Carol Dweck : "Nos états d'esprit sont une part importante de notre personnalité, mais nous pouvons changer. Simplement en connaissant les deux états d'esprit, vous pouvez commencer à penser et à réagir de nouvelles manières."

### La science derrière tout ça - Neurosciences

Derrière la mentalité de croissance réside une science nommée neuroplasticité. La neuroplasticité est la capacité du cerveau à changer et à croître tout au long de la vie d'une personne.

Les scientifiques ont longtemps penser que cela n'était possible que durant la petite enfance. Ils pensaient que dépassé un certain âge le cerveau était comme «solidifié», figé dans ses habitudes, ses croyances. Ils pensaient que nous n'avions qu'une quantité limitée de neurones pour apprendre de nouvelles choses, développer de nouvelles capacités et donc changer.. Or, ces 20 dernières années de nombreuses recherches et études neuroscientifiques, génétiques et biologiques ont été effectuées et prouvent que notre personnalité représente seulement une base de référence, et que notre cerveau est étonnamment malléable.

Les recherches ont prouvé que notre cerveau crée de nouvelles connexions neuronales en continu tout au long de notre vie, et que le cerveau continue de changer même en vieillissant ! C'est la raison pour laquelle nous pouvons développer des compétences et des connaissances par l'effort, la pratique, la persévérance, et notamment la répétition, à tout âge. Grâce notamment aux découvertes neuroscientifiques du Dr Dweck, nous savons maintenant que l'on peut augmenter notre croissance neuronale par les actions et décisions que nous prenons chaque jour.. Plus on répète un comportement, plus les connexions des neurones dédiés à ce comportement se renforcent, et plus la tâche devient facile. Plus on pense une même pensée, plus on renforce ce schéma neurologique, et plus cela mène a une automatisation de celui-ci.

La capacité à apprendre des humains n'est donc pas fixée à la naissance (on ne naît pas avec une quantité d'intelligence limitée) contrairement à ce que beaucoup continuent de croire. Les humains peuvent réellement apprendre à tout âge car apprendre, c'est créer de nouvelles connexions neuronales dans le cerveau. Chaque fois que nous apprenons quelque chose, nous transformons notre cerveau et plus cette chose sera utilisée, testée, assimilé à d'autres connaissances, plus elle sera mémorisée à long terme.

> "LES NEURONES QUI S'ACTIVENT ENSEMBLE FINISSENT PAR SE CONNECTER À LA SUITE DES APPRENTISSAGES, MAIS CE SONT LES **ACTIONS RÉPÉTÉES** QUI RENFORCERONT LEUR CONNEXION."

Steve Masson, neuroscientifique spécialisé en neuro-éducation, explique que le cerveau est comme une forêt : si on marche plusieurs fois dans le même sentier, un chemin va progressivement se créer. Dans le cerveau, il y a création de sentiers entre les neurones. À force de les utiliser, les sentiers (connexions neuronales) deviennent de plus en plus efficaces et mènent à l'automatisation des processus liés à une certaine pensée, comportement, tâche. Les choses deviennent donc plus faciles, plus automatiques et on est capable de les faire de mieux en mieux car le chemin est "défriché". Les informations passent plus rapidement d'un neurone à l'autre par ces voies de communication. Autre manière de schématiser ce concept, est d'imaginer un camion qui tente de traverser un champ de maïs. Évidemment cela semble difficile, du moins la première, les premières fois. Mais, au fur et à mesure que le camion passe, le chemin va se créer, se "défricher" et se faciliter. Ce chemin deviendra progressivement un chemin de terre, une route, puis une autoroute.

Plus on utilise le cerveau pour créer des connexions neuronales, plus on apprend. Plus on utilise les mêmes "chemins" ou les mêmes schémas de pensées, d'être ou d'agir, plus nous les renforçons, jusqu'à ce qu'ils deviennent des automatismes (des autoroutes automatiques), c'est-à-dire jusqu'à ce qu'ils s'intègrent dans notre inconscient, et se rajoutent à nos "programmes".

Il faut savoir que l'on **ne peut supprimer des schémas neurologiques,** c'est à dire que nous ne pouvons pas supprimer des "programmes" actuelles, des habitudes de penser, d'être ou d'agir. Cependant, nous pouvons créer de nouvelles connexions, de nouveaux circuits qui à force de répétition, finiront par remplacer les anciens, qui prendront peu à peu la poussière. C'est à travers les apprentissages et exercices des chapitres suivants que vous allez appliquer ses connaissances scientifiques pour continuer votre processus de transformation, et petit à petit changer.

# IDENTIFIER SES VALEURS

## DONNER DU SENS À SA VIE

# IDENTIFIER SES VALEURS

### L'importance des valeurs

Imaginez vos valeurs comme une boussole interne qui vous guide. Elles vous permettent de croire en vous en toutes circonstances et de vivre en harmonie avec vous-même. Car vous savez qui vous êtes, ce en quoi vous croyez, ce que vous voulez et ce dont vous êtes capable. Les valeurs vous indiquent la direction à prendre et vous aident à prendre les meilleures décisions, afin d'être alignée et en paix avec vous-même. C'est plus facile de prendre une décision et de s'y tenir, quand on est en accord avec ses valeurs personnelles. Avec toutes les distractions et influences de notre ère, nous pouvons se perdre dans le "bruit". Nous avons tous besoin de clarté, de savoir où on va et pourquoi, de savoir ce qui est important pour nous. Les questions et exercices suivantes vont vous aider à cela. La clarté vous l'aurez compris est primordiale, et nous permet de mener une vie avec conviction. C'est pourquoi rédiger un plan avec nos valeurs, nos objectifs et notre mission de vie, nous permettra de réfléchir, agir et développer de nouvelles capacités, de nouveaux comportements pour créer et vivre le changement.

Souvent au début de chaque transformation personnelle, nous pensons à tort qu'il faut se "chercher", se "trouver", trouver qui nous sommes vraiment. Mais cela mène à un cycle décourageant et interminable. En réalité, il s'agit plutôt de se "créer". De décider qui nous voulons être, quelles valeurs nous voulons avoir, comment nous voulons être et agir. Certes, il faut "ciseler un minimum l'argile" pour découvrir et dévoiler ce qui est réellement important pour nous. Mais le vrai travail consiste à décider, puis à créer et mettre en place chaque jour de nouveaux schémas, habitudes et comportements.

Imaginez, un capitaine, avec son navire, son équipage.. Sans carte pour leur indiquer la direction à prendre, ils ne cessent de tourner en rond. Hésitants et inquiets, est-ce qu'ils vont à gauche, à droite, en face.. Ils laissent le hasard et le vent déterminer leur direction et leur **DESTINATION**. Pour finalement tourner en rond.. Alors, voulez-vous tourner en rond ou voulez-vous éclaircir votre chemin, et décider vous-même de votre destination. C'est ainsi que vous pourrez réellement reprendre le contrôle de votre vie, et transformer celle-ci en vous transformant vous-même.

> "QUE TU PENSES QUE TU PEUX, OU QUE TU PENSES QUE TU NE PEUX PAS. DANS LES DEUX CAS, TU AS RAISON."
> **HENRY FORD**

1 - Quelles sont les personnes que j'admire profondément (personnalité, personnage fictif, ami, membre de la famille) ? Pourquoi ? Quelles sont leurs meilleures qualités ?

2 - Quelles valeurs je recherche chez les autres ? Réfléchissez et notez ce qu'elles évoquent pour vous. (Ce sont en fait vos valeurs!)

3 - Quelles valeurs sont importantes pour moi pour interagir avec les autres ?

4 - Si je pouvais passer un après-midi avec 3 personnes (mortes ou vivantes), ça serait avec qui ? Pourquoi ?

5- Pourquoi est-ce qu'ils aimeraient passer l'après-midi avec moi ?

6 - J'imagine mon propre enterrement.. Qu'est-ce que j'aimerais qu'on dise de moi à cet instant précis ?

7 - Quel genre de personne ai-je envie d'être ?
Comment est-ce que j'ai envie d'être et agir ?

- Personnellement : Le genre de personne qui..
- Professionnellement : Le genre de personne qui..

8 - De quelles valeurs aurais-je besoin pour devenir la personne que je veux être, pour créer la vie que je veux et que je mérite ?

# IDENTIFIER SES VALEURS

## DONNER DU SENS À SA VIE

### Exercices

L'exercice suivant va vous permettre d'éclaircir davantage votre réflexion et déterminer plus précisément vos valeurs personnelles. Il arrive parfois que nous soyons bloqués et que les questions précédentes ne soient pas suffisantes. C'est pour cela que je vous invite à utiliser la liste d'exemples de valeurs. (Page suivante) Cette liste est bien évidemment non-exhaustive, c'est juste un outil qui doit servir de support à une réflexion plus profonde.

**1- Posez-vous ces questions :** Quelles valeurs sont importantes pour moi ? C'est important pour moi d'être comment dans la vie ?

**2- Puis dans la liste de valeurs, choisissez chaque valeur qui résonne en vous.** Essayez de ne pas trop réfléchir, écrivez simplement les mots qui font naître une vibration particulière..

## LISTE DE VALEURS

Abondance Acceptation Accessibilité Accomplissement Adaptabilité Affection Altruisme Amour Ambition Appréciation Apprentissage Assurance Astucieux/se Attention Attraction Audace Auto-discipline Autonomie Authentique Aventure Beauté Bienveillance Bonheur Bravoure Calme Camaraderie Candeur Caritatif Charme Clarté Cohérence Collaboration Compassion Compétence Compréhension Concentration Confiance en soi Confort Connexion Conscience Contentement Contribution Conviction Convivialité Coopération Courage Courtoisie Créativité Crédibilité Curiosité Détermination Dévotion Discernement Discipline Discrétion Diversité Douceur Dynamisme Efficacité Égalité Élégance Empathie Encouragement Endurance Énergie Engagement Enthousiasme Équité Espérance Exactitude Excellence Expertise Exploration Expressivité Extravagance Fascination Fiabilité Fidélité Flexibilité Force Franchise Fun Gaieté Générosité Gentillesse Grâce Gratitude Harmonie intérieure Honnêteté Honor Intelligence Imagination Joie Liberté Indépendance Ouverture d'esprit Paix Partage Performance Persévérance Politesse Pouvoir Prise de décision Réflexion Relaxation Résilience Respect Rêve Résilience Respect Rigueur Sagesse Sang-froid Santé Self-contrôle Sensibilité Sérénité Service Simplicité Sincérité Solidarité Solidité Solitude Soutien Spiritualité Spontanéité Stabilité Succès Sympathie Tradition Vérité Spiritualité Vitalité.

3- Sur les valeurs retenues, **éliminez** celles qui vous parlent le **moins** (qui semblent de moindre importance).
Choisissez entre 8 et 10 valeurs.

**4 - Transformez chaque nom en adjectif (quand c'est possible) pour compléter la phrase suivante :**

Je suis...
Ex : Détermination ; Je suis déterminé(e).
Compassion, je fais preuve de compassion.
Courage, je suis courageux(euse) etc..

*(C'est ainsi que vous aurez votre première liste d'affirmations, nous verrons l'intérêt et le pouvoir des affirmations par la suite.)*

**5 - Prenez le temps de définir clairement chaque terme :**

Qu'est-ce que cela signifie pour moi d'être X, qu'est-ce que cela veut dire pour moi d'être X ou de faire preuve de X ? Qu'est ce que cela représente précisément.

*Ex : Je suis déterminée. Pour moi cela veut dire que :*
*Je suis une combattante. Je me dépasse toujours, j'affronte mes peurs pour évoluer et grandir. Je n'abandonne jamais, même si c'est difficile. Tous les jours je sors de ma zone de confort.*

**6 - Listez par ordre de priorité et d'importance chaque valeur.** De la plus importante à la moins importante. 1, 2, 3,4...

1.
2.
3.
4.
5.
6.
7.
8.
9.
10.

**7 - Qui êtes-vous ?** Maintenant, relisez vos réponses, et résumez : Qui êtes-vous en une seule phrase ? Si vous étiez obligé de choisir.

*Ex : Je suis déterminé(e), courageux(se) et aimant(e). Je fais preuve d'empathie et de compassion.*

8 - Rappelez-vous d'un moment récent ou ancien où vous avez agi en fonction de vos valeurs fondamentales, en quoi vous êtes fière de votre comportement / décision ?

9 - Rappelez-vous d'un moment où vous n'avez pas agi en accord avec vos valeurs fondamentales ? Qu'est-ce que vous auriez pu faire différemment ?

10- Que pouvez-vous faire pour que vos valeurs, et vos actions s'alignent le plus possible au quotidien ?

71

# DÉFINIR SA VISION DE VIE

## IDENTIFIER SES OBJECTIFS

# DÉFINIR SA VISION DE VIE

## MES OBJECTIFS DANS LA VIE

### Écrire ses objectifs

## POURQUOI DÉFINIR SES OBJECTIFS DANS LA VIE ?

Avoir des objectifs c'est une manière de planifier son quotidien, de rester focalisé sur ses priorités et s'assurer d'avancer dans la direction que l'on souhaite. C'est décider de prendre sa vie en main, de devenir créateur et ainsi prendre responsabilité de sa vie, pour la vivre pleinement. Il est essentiel de définir sa vision de vie, avec ses objectifs afin d'avoir encore plus la clarté. La clarté est vraiment ce qui nous permet de mener une vie avec **CONVICTION**, et **CONFIANCE**. C'est donc primordial d'avoir des objectifs de vie si nous souhaitons vivre une vie alignée, et épanouie.

## COMMENT ÉCRIRE SES OBJECTIFS : LES 4 P

Avant de poursuivre avec les exercices suivants, prenez le temps de vous demander ce que vous souhaitez vraiment changer ou intégrer dans votre vie de manière globale. Suivez la règle des 4 P pour vous aider à déterminer et atteindre vos différents objectifs :

- **Précision** : soyez précis dans vos objectifs, à quoi cela ressemble ?

- **Positif** : (écrivez ce que vous voulez de manière positive - ce que vous voulez et non pas le contraire...)

- **Présent** (écrivez les au présent ex : Je mange sainement)

- **Pourquoi** (identifier pourquoi c'est important pour moi, qu'est ce qui sera différent une fois cet objectif atteint, qu'est ce qui va changer pour moi).

## RÉFLEXION - MES OBJECTIFS

75

# DÉFINIR SA VISION DE VIE

## MA ROUE DE VIE

La roue de la vie vous permet de faire un bilan personnel en notant votre niveau de satisfaction de 0 à 10 dans chaque catégorie: travail, finances, environnement, santé/bien-être, famille/couple, développement personnel et spiritualité. Cela vous donne des pistes d'amélioration pour la mise en place de vos objectifs. Je vous invite à colorier la roue ci dessous, puis à remplir le tableau suivant.

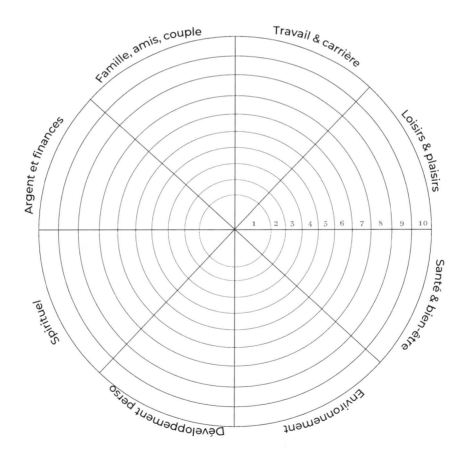

76

# DÉFINIR SA VISION DE VIE

## MA ROUE DE VIE

| CATÉGORIE | ORDRE DE PRIORITÉ | NOTE ACTUELLE | NOTE FUTURE | QUE SOUHAITEZ-VOUS CHANGER ? |
|---|---|---|---|---|
| | | | | |
| | | | | |
| | | | | |
| | | | | |
| | | | | |
| | | | | |
| | | | | |
| | | | | |

### NOTES

# DÉFINIR SA VISION DE VIE

## CLASSER MES OBJECTIFS

PERSONNELS

SANTÉ & FITNESS

PROFESSIONNELS

FAMILLE & AMIS

MATÉRIELS

FINANCIÈRES

EDUCATION & COMPÉTENCES

AUTRES

# DÉFINIR SA VISION DE VIE

## CLASSER MES OBJECTIFS

### OBJECTIFS DE CETTE ANNÉE

### OBJECTIFS SUR 3 ANS

### OBJECTIFS SUR 5 ANS

### OBJECTIFS À LONG TERME

# DÉFINIR SA VISION DE VIE

## CLASSER MES OBJECTIFS

| PRIORITÉS POUR MOI | | |
|---|---|---|
| ORDRE DE PRIORITÉS | OBJECTIFS | DÉTAILS |
| 1 | | |
| 2 | | |
| 3 | | |
| 4 | | |
| 5 | | |
| 6 | | |
| *EXEMPLE : 1* | *Self-care* | *Lire, s'étirer le matin, respirer..* |

# DÉFINIR SA VISION DE VIE

## ATTEINDRE MES OBJECTIFS

### OBJECTIF N°

POURQUOI CET OBJECTIF ?

### STRATÉGIE : COMMENT L'ATTEINDRE ?

*Quelles sont les habitudes quotidiennes à mettre en place qui me permettront d'atteindre cet objectif. "Que devrais-je faire pour pouvoir atteindre cet objectif ?"*

### ÉTAPES CLAIRES POUR Y ARRIVER

# DÉFINIR SA VISION DE VIE

## DÉFINIR MES NOUVELLES HABITUDES

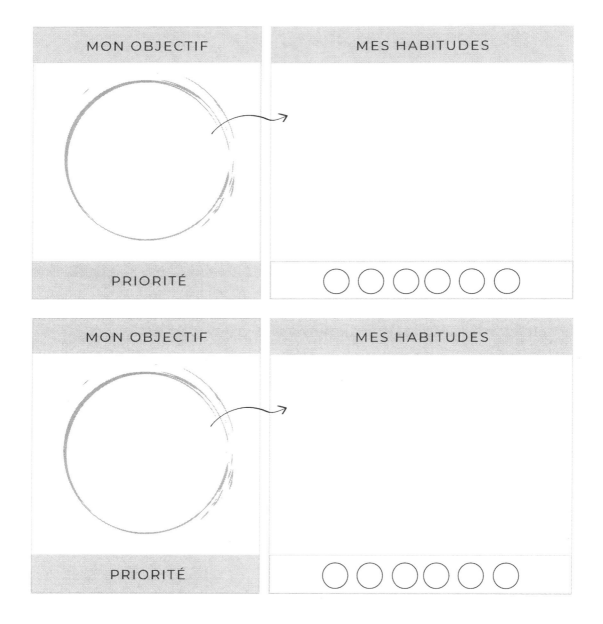

**MON OBJECTIF**

**MES HABITUDES**

**PRIORITÉ**

◯ ◯ ◯ ◯ ◯ ◯

**MON OBJECTIF**

**MES HABITUDES**

**PRIORITÉ**

◯ ◯ ◯ ◯ ◯ ◯

# DÉFINIR SA VISION DE VIE

## METTRE EN PLACE MES NOUVELLES HABITUDES

### HABITUDE N°

### STRATÉGIE : COMMENT LA METTRE EN PLACE

*Définir de manière claire et précise comment vous pouvez mettre
en place cette habitude. quand, où, comment ?*

### ÉTAPES CLAIRES POUR Y ARRIVER

# DÉFINIR SA VISION DE VIE

## DÉFINIR LES ÉTAPES

### OBJECTIF N°

DÉPART :

DURÉE :

MES 6 ÉTAPES

### ETAPE 1

### ETAPE 2

### ETAPE 3

### ETAPE 4

### ETAPE 5

### ETAPE 6

# DÉFINIR SA VISION DE VIE

## PLANIFIER MES OBJECTIFS

| OBJECTIF N° | POURQUOI |
|---|---|
| | |

DÉPART :
FIN :

## GROSSES ÉTAPES

| | |
|---|---|
| 1 | |
| 2 | |
| 3 | |

## PLAN D'ACTION

| | | DATE |
|---|---|---|
| 1 | | |
| 2 | | |
| 3 | | |
| 4 | | |
| 5 | | |
| 6 | | |
| 7 | | |

# DÉFINIR SA VISION DE VIE

## PLANIFIER MES OBJECTIFS

| Janv | Fevr | Mars | Avri | Mai | Juin | Juil | Août | Sept | Octo | Nov | Dec |
|------|------|------|------|-----|------|------|------|------|------|-----|-----|

### OBJECTIF N°

### STRATÉGIE

## ÉTAPES ET ACTIONS MENSUELLES

### SEMAINE 1

- ☐
- ☐
- ☐
- ☐
- ☐

### SEMAINE 2

- ☐
- ☐
- ☐
- ☐
- ☐

### SEMAINE 3

- ☐
- ☐
- ☐
- ☐
- ☐

### SEMAINE 4

- ☐
- ☐
- ☐
- ☐
- ☐

# DÉFINIR SA VISION DE VIE

| | OBJECTIFS / ÉTAPES | RÉSULTATS |
|---|---|---|
| 1 | | |
| 2 | | |
| 3 | | |
| 4 | | |

## NOTES

## RÉCOMPENSES

# DÉFINIR SA VISION DE VIE

OBJECTIFS / ÉTAPES · RÉSULTATS

1

2

3

4

NOTES · RÉCOMPENSES

# DÉFINIR SA VISION DE VIE

## HABIT TRACKER - SUIVI DES HABITUDES

MOIS :

| HABITUDE : | Janv | Fevr | Mars | Avri | Mai | Juin | Juil | Aout | Sept | Octo | Nov | Dec |
|---|---|---|---|---|---|---|---|---|---|---|---|---|
| | 1 2 3 | 4 5 6 | 7 8 9 | 10 11 12 | 13 14 15 | 16 17 18 | 19 20 21 | 22 23 24 | 25 26 27 | 28 29 30 31 | | |

# DÉFINIR SA VISION DE VIE

## HABIT TRACKER - SUIVI DES HABITUDES

SEMAINE DU

| | LUNDI | MARDI | MERCREDI | JEUDI | VENDREDI | SAMEDI | DIMANCHE |
|---|---|---|---|---|---|---|---|
| OBJECTIF 1 — *Habitudes* | | | | | | | |
| OBJECTIF 2 — *Habitudes* | | | | | | | |
| OBJECTIF 3 — *Habitudes* | | | | | | | |

# DÉFINIR SA VISION DE VIE

HABIT TRACKER - SUIVI DES HABITUDES

JEUDI

MERCREDI

MARDI

LUNDI

TOTAL

DIMANCHE

SAMEDI

VENDREDI

RÉCOMPENSE DE LA SEMAINE

# DÉFINIR SA VISION DE VIE

## HABIT TRACKER - SUIVI DES HABITUDES

HABITUDE À INSTAURER

## CHALLENGE 50 JOURS

# DÉFINIR SA VISION DE VIE

## SUIVI DES HABITUDES - À COLORIER

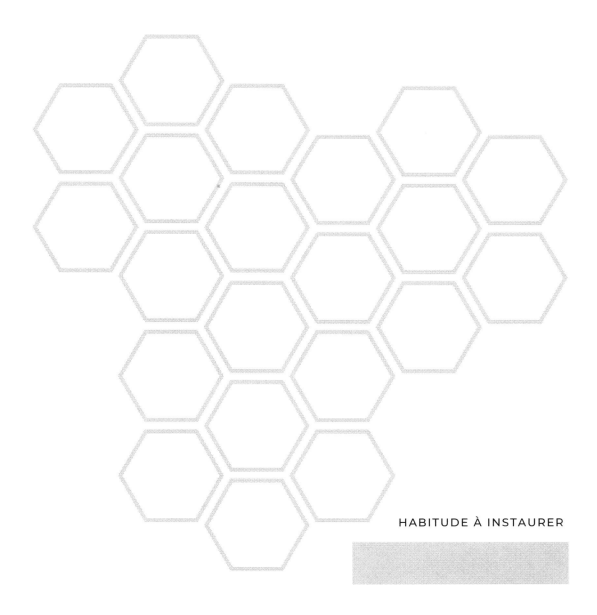

HABITUDE À INSTAURER

# DÉFINIR SA MISSION DE VIE

## LE MOTEUR DU CHANGEMENT

# DÉFINIR SA MISSION DE VIE

## "UNE RAISON D'ÊTRE"

Il est maintenant temps de définir votre "mission de vie". Pour beaucoup ce terme semble très confus. La définition classique de la mission de vie est, tout simplement, la raison pour laquelle vous êtes né, le sens de votre venue au monde. Le psychologue Jean Monbourquette (1933-2011) lui, décrivait cette mystérieuse mission de vie comme étant: «*un idéal à poursuivre, une passion, un but important à atteindre, un désir profond, une inclination durable de l'âme et un enthousiasme débordant pour un genre d'activité*». La (ou les) missions de vie ne sont donc pas des petits objectifs ou des choses que vous devez faire (par exemple, avoir le travail de vos rêves, avoir une promotion, méditer tous les jours) mais il s'agit plutôt d'une façon d'être, d'une attitude intérieure. Un but ultime, plus profonde. Il peut s'agir d'une ou plusieurs missions en rapport avec autrui, ou uniquement soi-même.

Pour y voir plus clair, voici quelques exemples : Devenir la meilleure version de moi-même, ajouter de la valeur dans la vie des personnes, trouver un équilibre dans tous les aspects de ma vie, créer mon propre bonheur, apporter du bonheur dans la vie d'autrui, participer à la protection des animaux, participer à l'élévation de conscience dans le monde, participer au changement de X, aider les enfants, aider les personnes en difficulté, devenir ou être le meilleur parent pour mon enfant etc...

Plus important encore que nos valeurs, notre mission de vie est la ligne conductrice de notre existence. Vous pourrez constater qu'il se situe au plus haut niveau de la pyramide des "Niveaux Logiques". (Chapitre : reprogrammer son esprit) Ce niveau influe sur tous nos autres niveaux, jusqu'à notre comportement et même notre environnement. **Le définir est donc moteur de changement, dans tous les aspects de notre vie.** Il nous guide au quotidien, lorsque l'on est vraiment aligné à sa mission de vie, tout devient plus fluide et naturel.

Depuis le début de ce livre, l'ensemble des questions ont dû vous aiguiller et vous mettre sur la voie de ce qui était important pour vous, de ce que vous voulez. Maintenant à vous de définir une ou plusieurs missions de vie ; votre but ultime, votre raison d'être.

La fiche "bilan" : "**Où je vais**" qui suit est à relire au quotidien pour que votre esprit s'en imprègne. Mettez en place une habitude, lisez-le dès le réveil, ou bien affichez-le dans les toilettes afin de vous en remémorer à chaque passage. Souvenez-vous de la métaphore du capitaine et de son navire, sa carte lui permet de savoir où il va, pour éviter de se perdre et tourner inévitablement en rond. Il en va de même pour cette fiche avec vos valeurs, votre vision de vie (objectifs), et votre mission de vie. Le changement est proche !

# OÙ JE VAIS - FICHE BILAN

"TON FUTUR EEST CRÉE PAR CE QUE TU FAIS
AUJOURD'HUI, *PAS* DEMAIN"
-ROBERT KIYOSAKI

## MES VALEURS

## MA VISION DE VIE - OBJECTIFS

## MA MISSION DE VIE

97

# NOS CROYANCES

## COMMENT NOS CROYANCES DIRIGENT NOTRE VIE

# NOS CROYANCES

## COMMENT NOS CROYANCES DIRIGENT NOTRE VIE

Nous avons parlé de "blocages émotionnels" dans le chapitre "les secrets du changements". Rappelez-vous, suite à certains évènements, l'émotion va rester comme "bloquée" et va créer un filtre négatif, *autrement dit* une croyance négative limitante.

## QU'EST CE QU'UNE CROYANCE ?

Les croyances ne sont pas autre chose que des convictions extrêmement fortes, des certitudes personnelles qu'on généralise et érige en vérités générales. Elles conduisent nos interprétations des faits et peuvent être conscientes ou inconscientes. Exemples de croyances : *"je serais toujours nul en maths", "je crois qu'il faut travailler dur pour gagner de l'argent", "on ne peut compter sur personne", "le monde est injuste", "la vie est dure", "rêver est une perte de temps", "les études supérieures ne servent à rien", "la vie est une loterie", "je ne crois pas au hasard", "je crois que tout problème a une solution", "je crois qu'il y'a des métiers plus valeureux que d'autres", "je n'ai pas de chance en amour", "les hommes sont tous infidèles" etc...* Peut-être même que certaines de ses croyances vous parlent ? Si vous croyez profondément que pour vous, nager dans l'eau est impossible ou dangereux, vous serez pris de tremblements et de peur dès que vous vous trouverez dans l'eau. Non seulement la vue de l'eau peut susciter en vous une inquiétude, mais il suffit que vous imaginez l'eau, la mer, les vagues, pour que vous ressentez les mêmes émotions "négatives".

## L'histoire de l'éléphant enchaîné

C'est l'histoire d'un éléphant de cirque, animal extraordinaire de par son poids, sa taille et sa force, celui-ci restait toujours attaché après chacune de ses représentations. Une chaîne reliée à une de ses pattes et à un petit piquet enfoncé dans la terre. La chaîne était épaisse, mais il semblait évident que l'animal pouvait parfaitement et facilement se libérer de cette emprise. Mais pourtant il n'en faisait rien...

Dès son plus jeune âge, l'éléphant a été attaché à un piquet semblable. Il a essayé de tirer sur la chaîne, encore et encore, jour après jour mais il n'arrivait pas à se libérer.. Quelques mois plus tard, l'éléphant finit par accepter son impuissance et se résigne à son sort. Il développe alors la croyance qu'il est incapable de faire tomber ce pieu. Ses efforts infructueux ont été gravés dans sa mémoire l'empêchant ainsi de se mettre en mouvement et de s'en aller même des années plus tard...

Vous l'avez compris, ce sont nos croyances erronées qui nous empêchent d'agir. Malgré-nous, nous sommes tous attachés à de nombreux pieux qui nous empêchent d'agir et qui nous bloquent dans notre évolution.

## L'installation de croyances à l'enfance

Pour aller plus loin dans la compréhension des croyances et la façon dont elles sont installées et nous affectent, retournons d'abord à l'enfance, pendant ses années de "programmation initiale". Enfant, notre cerveau n'est donc pas pleinement développé, en conséquence on cherche constamment à donner du sens à tout ce qui se passe autour de nous. Il y a continuellement de nouvelles situations, que l'on ne comprend pas avec notre esprit d'enfant et dont on essaye de donner un sens. Le cerveau par nature, associe tout et cherche à tout définir en bien ou mal, positif ou négatif.

Durant ces années, nous sommes égocentriques (au point de vue de notre maturation émotionnelle). Notre cerveau ne possède pas encore la capacité de raisonnement. Ce qui veut dire que nous pensons naïvement que la façon dont les personnes se comportent et agissent dans notre environnement est toujours en rapport avec nous-mêmes. Que les personnes réagissent de manière positive ou négative on le prend toujours pour soi-même.

## Comment débute une croyance

Une croyance est créée suite à un évènement ou une situation qui a généré **une émotion forte**, et suite à cela le cerveau interprète la situation en lui donnant un sens, en y donnant une explication (de manière consciente ou inconsciente). Puisque lorsqu'il y a une émotion forte c'est le signal pour le cerveau qu'il faut se rappeler de cette situation, et il prend alors une sorte de "capture d'écran". Il existe des croyances que l'on adopte doucement avec le temps, à force d'entendre certaines idées, qui à force de répétition vont s'infiltrer dans notre inconscient. Puis, il y a les croyances émotionnelles, aussi dites blocages émotionnelles ou traumas. Nous avons tendance à croire qu'un trauma est dû à quelque chose de grave, à un évènement grave. Cependant, tout évènement (aussi banal soit-il pour autrui) durant lequel nous avons été submergé d'émotions, sans posséder la capacité sur le moment de les gérer et digérer peut résulter en un trauma.

CROYANCE ÉMOTIONNELLE :
EVÈNEMENT ▯ ÉMOTION FORTE ▯ EXPLICATION

**Exemple durant l'enfance** : Pierre à 5 ans, il est 18h30 et il attend impatiemment à la fenêtre que son papa rentre du travail. Tous les jours quand il rentre, il lui prend dans ses bras, joue avec lui et Pierre adore ses moments. Un jour, son père rentre le visage fermé, froid et envoie sèchement le petit garçon dans sa chambre pour « parler avec maman ». Il entend une conversation mouvementée, ils élèvent la voix, il y a des pleurs. Pierre ne comprend pas, il ressent des émotions qui le submergent dont de la peur.

Le cerveau de pierre cherche alors à ce moment une explication, le sens de cette situation. Comme il ne possède pas la capacité de raisonnement d'un adulte, il pense avoir fait quelque chose de mal. Pensant que papa ne veut plus de lui, il a peur d'être abandonné. Cette peur est d'autant plus importante pour un enfant, puisque par défaut, leur survie dépend de la présence d'adultes. Sans explication de la part de ses parents et à la suite de cette forte émotion ressentie, « une capture d'écran » est prise pour enregistrer ce moment, ainsi que l'explication que son cerveau a interprétée sur le moment.

Il a inconsciemment adopté la croyance "qu'il n'est pas assez bien pour être aimé", et à partir de ce jour il ressent la peur d'être abandonné.. À 5 ans, Pierre ne possède pas les capacités de raison, de logique, de compréhension pour : comprendre que le meilleur ami de papa a eu un accident de moto et est décédé. En tant qu'enfant égocentrique, il ne peut comprendre que la discussion isolée avec maman était dû à la tristesse de papa, sa culpabilité, et de son besoin d'être vulnérable.

**Autre exemple :** L'intention d'un parent de punir son enfant pour le « discipliner », peut être interprété par le cerveau d'un enfant sur le moment comme « je fais mal les choses, je ne suis pas assez bien » pouvant créer la peur de mal faire ou la peur être rejeté. Un parent qui répète à son enfant de se taire durant un repas de famille, (car envahis de stress pour sa réunion au travail) peut être interprété par le cerveau de l'enfant sur le moment comme « ce que j'ai à dire n'est pas important, je ne peux m'exprimer librement » et ainsi de suite.

Une simple phrase entendue par un professeur à l'école ; "ne choisis pas cette voie, tu n'y arriveras pas, tu n'es pas assez ceci ou pas assez cela" ou ce qui nous a été sans cesse répétée par nos parents ; "tu es trop ceci ou trop cela", "tu dois, tu ne dois pas, il faut, il ne faut pas.." suffit pour laisser des traces et affecter ce que nous pensons être possible pour nous. Suite à l'émotion ressentie sur le moment (que ça soit de l'humiliation, de la tristesse, de la déception, du rejet etc..) ces phrases entendues pour « vrai » ont été enregistrées, engrammés, des « captures d'écran » de la situation ont été prises associées à l'émotion, puis se sont transformées en croyances émotionnelles erronées, limitantes (créant un manque de confiance, timidité...) avec des peurs correspondantes (abandon, rejet, trahison, humiliation...).

Avant l'âge de 7 ans, il est donc possible que vous ayez inconsciemment installé des croyances limitantes "racines" qui sont la cause actuelle de vos difficultés. Ces croyances sont dites « limitantes » puisqu'elles nous poussent à nous dévaloriser nous-mêmes, à nous mettre des bâtons dans les roues et nous affectent au quotidien. Comme l'éléphant enchainé, ces chaines nous empêchant d'atteindre nos objectifs, d'avoir confiance en soi, de trouver l'amour, de dépasser ses peurs et blocages...

Les croyances "racines" les plus courantes se manifestent par les idées suivantes :

- Je ne suis pas assez bien tel que je suis
- Je ne suis pas important(e)
- Je ne suis pas aimé(e)
- Ce que j'ai à dire n'est pas important
- Je ne dois pas prendre de place, je ne dois pas déranger
- Je dois être et faire ce que les autres veulent pour être accepté et aimé
- Mes besoins ne sont pas une priorité
- Je dois être parfait(e) pour être valorisé, accepté, aimé

Avec les peurs correspondantes tels que la peur d'être rejeté, d'être trahi, abandonné, humilié etc. Vous l'avez bien compris, nos peurs sont en lien direct avec nos croyances, nos blessures du passé. Aujourd'hui, toute situation peut être un déclencheur et nous revivons inconsciemment ces anciennes blessures : d'abandon, de trahison ou de rejet, d'humiliation ou encore d'injustice....

**Exemple durant l'âge adulte** : Josiane 35 ans, assistante de direction se sent bloquée dans sa vie, elle a tout pour être heureuse, un travail qui lui plaît, des amis proches, des passions etc... Mais il lui manque un homme dans sa vie afin d'être réellement comblée. Elle n'arrive pas à s'engager, elle se rend compte qu'elle a saboté toutes ses dernières relations, et commence à se poser des questions. Il y a 3 ans, Josiane a été trompé par son fiancé. Un jour, en rentrant chez elle, elle tombe nez à nez avec son fiancé et une autre femme. Sur le moment ses pensées explosent, son cœur explose, elle ressent tout plein d'émotions et de sentiments. Elle ressens de la colère, mélangé à de l'injustice, de la trahison, de la tristesse mélangé à de l'incompréhension, la frustration etc.

Le corps a libéré les substances chimiques associées à ses émotions, renforçant ses pensées et sentiments négatives. Elle s'est sentie submergée, confuse.. Sur le moment son esprit a donné comme explication, comme conclusion à cette situation qu'elle ne pouvait désormais plus jamais faire confiance aux hommes, ne voulant plus jamais se sentir de cette façon, ne voulant plus être trahie. Le cerveau a pris une "capture d'écran". Bien souvent une part de nous va ensuite créer des mécanismes, des comportements (souvent des addictions ou des phobies), des évitements (fuir, au lieu de faire face), des stratégies et des automatismes pour composer et vivre avec ces blessures au quotidien. Une autre part de nous reste figée ce jour-là et même si les années passent, cette part là, en nous est toujours là et n'oublie rien. Comme j'ai évoqué précédemment, nous restons bloqués, paralysés par la blessure inconsciente, par le blocage émotionnelle. Au fil du temps nos croyances s'ajustent, changent, se renforcent au gré de notre interprétation de faits, et d'évènements. Mais souvent nous sommes dans l'incapacité de de voir au-delà, et de s'ouvrir à d'autres possibilités. Nous vivons comme avec des œillères de manière automatique et subissons continuellement les déclencheurs vastes et variés qui nous ramènent à nos anciennes blessures. Pour conclure, depuis notre conception toutes les situations mal vécues, petites ou grandes, ont laissé des traces dans notre inconscient. Mais, tous les blocages, souffrances, blessures intimes, qui nous composent sont loin d'être une fatalité. Comme nous avons pu voir lors du premier chapitre, en accédant à notre inconscient et en travaillant avec nos croyances et émotions non digérées nous pouvons relâcher et guérir les traces du passé. Nous allons voir par la suite comment reprogrammer son esprit, comment identifier et modifier ses croyances limitantes, comment se libérer de pensées négatives, et émotions bloquées. Le pouvoir est en vous!

## LE SYSTÈME D'ACTIVATION RÉTICULAIRE - SAR

De manière inconsciente nous avons tendance à sélectionner, à chercher les informations qui confirment nos croyances, quitte à les distordre pour qu'elles rentrent dans la bonne case et renforcent ainsi le système de croyances en jeu. Ceci est dû à une partie de notre cerveau qui s'appelle le système d'activation réticulaire. Il va traquer les preuves de nos croyances partout, pour renforcer celles-ci. Il agit donc comme un filtre, il influe sur ce que nous repérons, sur notre degré d'éveil et supprime des informations estimées inutiles. Et c'est indispensable car le cerveau traite plus de 400 millions d'éléments d'information à la seconde dont seulement 2000 consciemment. Si vous avez la croyance que vous ne pouvez pas faire confiance aux autres, vous allez inconsciemment chercher des preuves soutenant cette croyance. Et vous raterez tous les exemples qui démontrent le contraire.

John 59 ans par exemple, a été trahi par des amis plusieurs fois étant jeune, aujourd'hui il voit le danger partout, et ne fait confiance à personne, ce qui le limite dans ces relations. Il est comme enfermé dans une boucle, et il se raconte continuellement la même histoire à cause de son blocage émotionnel. Le SAR* va alimenter toutes les pensées négatives en faisant remonter de notre inconscient toutes les preuves que cet évènement risque de se reproduire. Il va donc confirmer et renforcer nos croyances et nos pensées. Cela peut nous convenir ou pas. Puisqu'il nous envoie les informations qui vont dans le sens de ce que l'on croit. Ainsi :

- une personne qui pense qu'elle n'arrivera pas à perdre du poids ne verra que les embûches ;
- une personne qui croit que la médecine naturelle est inefficace ne verra que des arguments et résultats qui vont dans ce sens ;
- une personne qui pense ne jamais pouvoir quitter son son boulot, ne verra que les raisons pour lesquelles elle ne peut pas partir ;
- une personne qui croit dur comme fer en son projet verra toutes les opportunités qui s'offrent à elle et ainsi de suite...

Si nos croyances influencent la manière dont on perçoit la réalité, cela veut aussi dire qu'on peut les orienter dans la direction que l'on souhaite. Et ça change tout ! On peut alors décider, consciemment, de modifier petit à petit nos croyances et nos intérêts vers ce que l'on désire au fond de nous. Ne laissons pas nos croyances limitantes et nos expériences négatives du passé gâcher notre présent, ni conditionner notre futur.

> NOS CROYANCES CRÉENT ET DÉTERMINENT LITTÉRALEMENT NOTRE EXPÉRIENCE, NOTRE RÉALITÉ.

VOS CROYANCES DEVIENNENT VOS **PENSÉES**,
VOS PENSÉES DEVIENNENT VOS **MOTS**,
VOS MOTS DEVIENNENT VOS **ACTIONS**,
VOS ACTIONS DEVIENNENT VOS **HABITUDES**,
VOS HABITUDES DEVIENNENT VOS **VALEURS**,
VOS VALEURS DEVIENNENT VOTRE **DESTINÉE**.

GANDHI.

RIEN NE VOUS EMPRISONNE EXCEPTÉ
VOS **PENSÉES**. RIEN NE VOUS LIMITE
EXCEPTÉ VOS **PEURS**. ET RIEN NE VOUS
CONTRÔLE EXCEPTÉ VOS **CROYANCES**.

MARIANNE WILLIAMSON.

# NOS
# PENSÉES

NOUS NE SOMMES PAS NOS PENSÉES

# NOS PENSÉES

## NOUS NE SOMMES PAS NOS PENSÉES

Nos pensées automatiques sont uniquement des pensées, elles ne nous définissent pas ! Elles sont le reflet de nos croyances, donc bien souvent nos croyances erronées, limitantes, qui sont liées à nos blessures du passé. Et nous ne sommes pas obligés de les croire.. Changer nos croyances limitantes nous permet de changer nos pensées automatiques, autrement dit notre discours interne.

## L'IMPORTANCE DE LA NATURE DE NOS PENSÉES

Notre cerveau est indiscipliné de nature. Il a tendance à vagabonder toute la journée dans le passé, futur, réflexions, pensées diverses, et éprouve des difficultés à rester dans l'instant présent à cause de ce flux de pensées automatique incessant. En prenant le temps de plonger à l'intérieur de soi, on découvre souvent qu'il y a un nid de pensées limitantes ou négatives liée à certaines croyances qui nous rongent de l'intérieur. Peut-être que vous n'avez jamais fait très attention mais souvent il y a cette petite voix qui vous dit « je suis nul, tu n'y arriveras jamais, tu ne changeras jamais, ça ne sers à rien, tu ne peux pas, c'est trop dur, tu es chiant(e), tu n'es pas intéressant(e), on ne t'aime pas, ce n'est pas assez bien, etc. ». Ce qui s'avère problématique, c'est qu'une pensée négative peut vite s'enraciner dans notre esprit et se transformer en un véritable cercle vicieux, dont il est quasiment impossible de sortir. Cela ne veut pas dire qu'on ne doit pas s'autoriser à se sentir mal ou réprimer ces émotions désagréables. Tout le monde a des jours « avec » et des jours « sans » en fonction des épreuves et expériences de la vie. Il est important de se laisser vivre ses émotions, (voir le chapitre sur les émotions) mais il est important, primordiale de ne pas entrer dans une spirale de négativité, de ne pas renforcer ces schémas neurologiques si on cherche le bonheur dans sa vie. Notre esprit est si puissant qu'il peut utiliser ces pensées négatives et entraîner des maux physiques bien réels. L'effet placebo prouve de façon scientifique aujourd'hui que l'humain a la capacité d'autoguérir et donc en parallèle, la capacité de s'autodétruire.

RETENEZ BIEN CECI :
Le corps entend tout ce que dit l'esprit
et le corps réalise ce en quoi l'esprit croit.

D'après les neuroscientifiques nous avons environ 50 000 pensées par jour, dont environ 90% qui sont identiques à la veille ! Donc si nous avons les même pensées jour après jour, nous allons vivre les mêmes émotions, agir de la même manière, et créer les mêmes résultats. Notre pouvoir réside en notre capacité à changer nos pensées, à créer de nouveaux schémas neurologiques, de nouveaux circuits, introduire de nouvelles façons de penser et des croyances positives. Les croyances sont des choix bien qu'on en ai rarement conscience, nous pouvons tous choisir des croyances qui nous limitent ou des croyances qui nous soutiennent.

*"RIEN N'EXERCE PLUS DE POUVOIR SUR LE CORPS QUE LES CROYANCES DE L'ESPRIT" – DEEPAK CHOPRA*

Un soir près du feu, un vieux sage indien raconte à son petit-fils l'histoire de la bataille intérieure qui existe dans le cœur de chaque personne. Il lui dit de sa voix grave :

« Mon fils, il y a une terrible bataille entre deux loups à l'intérieur de chaque homme.

Le premier est le loup noir : il représente la colère, la tristesse, le regret, la peur, mais aussi la honte, le rejet, le mensonge et l'égo.

Le second est le loup blanc : il représente la joie, la paix, l'amour, la gratitude, la sérénité, c'est aussi l'humilité et la bienveillance. »

Tu vois, l'Homme a ces deux loups en lui. Chacun de nous abrite en lui un loup noir et un loup blanc qui ne cessent de s'affronter.

Le petit fils, malin et songeur, se répéta l'histoire du bout des lèvres puis demanda à son ancêtre :
« Et lequel des deux loups gagne ? »

Le vieil homme répondit simplement :
« Celui que tu nourris. »

*Lequel des deux loups choississez-vous de nourrir ?*

Ce ne sont pas les personnes, les situations ou les événements qui nous rendent malheureux, mais nos pensées, notre interprétation et le discours interne que l'on se raconte. Il faut chercher non seulement à être positif mais à voir les choses de manière différentes, se questionner. Chercher les solutions et les bienfaits parfois cachés d'une situation nous permet de s'ouvrir les œillères et se libérer d'émotions négatives/désagréables. Si l'on décide de relativiser, de ne pas accorder trop d'importance aux petits soucis et de se concentrer sur le positif, alors notre quotidien se trouvera grandement amélioré. Dans la vie, il y a du positif comme du négatif pour chacun d'entre nous, et ce qui différencie les gens, c'est la manière dont ils décident de prendre les choses qui leur arrivent. Rien a de sens appart le sens qu'on lui donne..

"ÊTRE POSITIF CE N'EST PAS SE BERCER D'ILLUSION EN CROYANT QUE TOUT SE PASSERA BIEN, MAIS AVOIR CONSCIENCE QUE QUOI QU'IL ARRIVE, IL EST POSSIBLE DE S'EN SORTIR, DE TIRER BÉNÉFICE, D'APPRENDRE ET DE S'ENRICHIR PERSONNELLEMENT ET SPIRITUELLEMENT" – BRUNO LALLEMENT.

## LA PREMIÈRE ÉTAPE : DEVENIR CONSCIENT DE SES PENSÉES

Vous l'avez bien compris, nos pensées influencent littéralement notre réalité, être conscient de ses pensées est donc la première étape pour façonner la vie que l'on souhaite. Si vous vous rendez compte que vous avez des pensées négatives et limitantes, il ne vous reste plus qu'à vous en libérer. Et ce qui est bien, c'est que cela ne tient qu'à vous ! Devenir plus "conscient", c'est devenir observateur de toutes ces pensées, ces comportements et réactions automatiques. Car le problème réside surtout dans le fait que, comme le mental produit des pensées en continu ; tant qu'on ne s'en rends pas compte, on croit aveuglement le contenu de toutes ces pensées et réagissons continuellement en fonction. Devenir plus conscient est en quelque sorte un SUPER-POUVOIR, qui nous permet alors de pouvoir reprendre le contrôle du "programme informatique" et sortir du "pilote automatique". Nous pouvons petit à petit commencer à reconnaître et différencier nos 2 voix interne. La première : la voix négative, qui amplifie les choses et apparaît automatiquement sans nous en rendre compte. La deuxième : cette voix plus sage, dont nous sommes conscientes. Nous sommes conscientes que nous sommes en train de penser et /ou de diriger nos pensées.

### Et donc comment on fait pour devenir conscient et accéder à ce super-pouvoir ?

C'est grâce à une pratique simple journalière, que peu à peu vous deviendrez de plus en plus conscient. Notamment grâce aux techniques suivantes :

1 - Poser l'intention le matin d'être conscient(e) de ses pensées (c'est-à-dire donner comme consigne à votre esprit de vous aider à vous rappeler d'être conscient).

2 - Dans la journée, prendre le temps de se poser des questions. Vous pouvez en choisir une, pour commencer :

À quoi j'étais en train de penser tout de suite ?
Est-ce que je suis consciente de mes pensées ou est-ce que j'étais en pilote automatique ?
Quelle histoire suis-je en train de me raconter ?
Est-ce que cette pensée est utile ?

Est-ce que cette pensée est vraie ?

Cette pensée me rapproche-t-elle ou m'éloigne t-elle de ce que je veux croire ?

Sur quoi est-ce que j'aimerais focaliser mes pensées ?

Le fait de s'arrêter dans sa journée et se poser ces questions, vous allez interrompre le pilote automatique, vous ramener au présent et à votre conscience. Interrompre vos schémas neurologiques automatiques vous permet également peu à peu de sortir de celles-ci. Avec le temps elles vont s'affaiblir et cela vous donne l'occasion, l'ouverture pour en créer et renforcer des nouvelles. Des plus positives, plus productives, en accord avec ce que vous voulez.

Pour faciliter le processus, vous pouvez planifier une alarme 2 ou 3 fois par jour ou bien vous mettre des post-it dans votre environnement afin de vous servir de rappel dans votre journée. À savoir que la méditation développe également la prise de conscience, nous aborderons plus précisément ce sujet dans le chapitre "Entraîner son esprit".

DEVENIR PLUS CONSCIENT EST EN QUELQUE SORTE UN **SUPER-POUVOIR**, QUI NOUS PERMET DE POUVOIR REPRENDRE LE CONTRÔLE DU "PROGRAMME INFORMATIQUE" ET SORTIR DU "PILOTE AUTOMATIQUE".

## CYCLE PEAR : PENSÉE> ÉMOTION > ACTION > RÉSULTAT

Pour comprendre le lien entre les pensées et les émotions je vous explique le concept du cycle PEAR : Une pensée déclenche une émotion (agréable ou désagréable), qui pousse à réagir (action) créant ainsi un résultat quelconque.

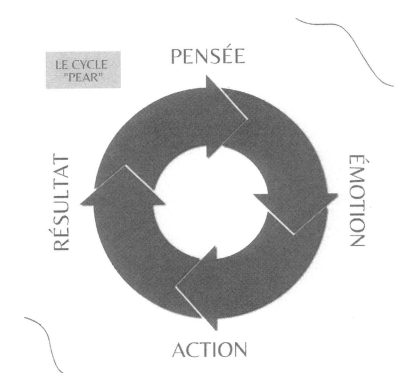

Voici un exemple :

**Contexte** : Mon conjoint Jean vient de rentrer du travail, j'étais impatiente de le voir, je lui raconte alors ma journée. Mais il ne semble pas écouter.

**Pensée automatique** : "Il ne m'écoute pas, même pas il ne lève la tête, on dirait vraiment qu'il s'en fiche de moi..".

**Émotion déclenchée** : Je ressens, de la colère, du rejet de la frustration et de la déception. (= Libération de substances chimiques – Toutes les émotions que nous ressentons résultent d'un équilibre subtil de substances chimiques libérées dans diverses parties de notre cerveau.)

**Réaction** : Je réagis suite à ce que je ressens. Peut-être vais-je réagir avec un comportement excessivement agressif, en faisant des reproches ce qui va engendrer une prise de tête violente. Jean de son côté a passé une journée difficile, il a eu une altercation avec un collègue, il se sent épuisé et dépassé par la surcharge de travail au boulot..

Lorsque nous agissons de manière automatique sans être conscient de nos pensées, nous répétons les mêmes cycles de pensées, les mêmes schémas de comportements créant continuellement les mêmes résultats. Grâce à notre super pouvoir d'être "CONSCIENT" nous avons le choix, de changer nos pensées et cela commence par remettre en question cette première pensée.

1) Est-elle vraie ?

2) Recadrer la pensée = Comment puis-je voir les choses d'une autre perspective ?

"Je n'ai pas l'impression qu'il m'écoute en tout cas. Mais c'est vrai qu'il a peut-être passé une dure journée, il est peut-être fatigué, ou il est tout simplement dans ses pensées. Cela ne signifie pas qu'il ne tient pas à moi. Ce n'est pas personnel. Il ne cherche pas à me faire de la peine. "

Je pense différemment, donc je me sens plus apaisé, et je réagis calmement en alignement avec qui je suis réellement. Je vais lui dire ce que je ressens et ce dont j'ai besoin, ou je peux aussi faire preuve de plus de compassion et de bienveillance envers lui. Résultat : je suis présente pour Jean et il s'ouvre à moi en m'expliquant les difficultés qu'il rencontre au travail. Nous terminons la soirée plus légers, avec de la bonne humeur et avec un sentiment de soutien mutuel.

# NOS ÉMOTIONS

UNE ÉMOTION = UN MESSAGE

# NOS ÉMOTIONS

Pourquoi en tant qu'adulte nous avons du mal a gérer nos émotions, à s'auto-réguler, et à harmoniser notre état intérieur?

## AUTO-RÉGULATION

Pour beaucoup d'entre nous, nous ne savons pas forcément comment gérer ses émotions, et nous tombons souvent dans le piège de la la réactivité. Nous réagissons directement aux stimuli externes (situations, évènements) ou internes (pensées souvenirs, imagination). On rencontre des difficultés à réguler nos émotions pour harmoniser notre état intérieur. Nous n'avons pas l'impression d'avoir un choix, quelque chose se passe dans notre environnement, l'émotion monte, puis nous subissons en quelque sorte, nous sommes comme piégés. Il peut être difficile de mettre des mots sur ce que nous ressentons, encore plus de gérer l'émotion et sortir du cycle de pensées négatives.

Mais pourquoi ?

Bébé, notre système nerveux a besoin de ce que l'on appelle une co-régulation, on ne peut pas réguler nos émotions, ni répondre à nos propres besoins physiologiques (Exemple : s'alimenter, se nettoyer..) On est complétement dépendant d'autrui pour survivre. Lorsque les bébés pleurent, (quand ils ont faim, soif, qu'ils sont fatigué, qu'ils ont peur etc..) c'est un signe que leur système nerveux est déséquilibré.  Dans le meilleur des mondes, c'est à ce moment-là qu'un parent intervient pour aider l'enfant a se réguler. Ce parent ou "soignant" (grand-parent, tante etc..) va répondre à ses besoins (comme à lui seul il n'en est pas capable). Il va l'apaiser, le tenir, le câliner, et pratiquer des actes de co-régulation, jusqu'à ce que bébé retrouve un état de calme.

En grandissant, nous nous imprégnons et de la manière dont nos "soignants" gèrent leurs émotions, et plus important encore comment ils ont géré les nôtres. Malheureusement, peu d'entre nous avons eu « un soignant » qui pouvait s'autoréguler suffisamment, et qui était suffisamment stable émotionnellement pour répondre à nos besoins et nous montrer le bon exemple. C'est là que pour beaucoup d'entre nous ce déséquilibre commence. Nous n'avons pas appris comment gérer nos émotions, comment les utiliser, les ressentir, les exprimer et les extérioriser. Nous avons plutôt appris à les réprimer, à les cacher, les ignorer.. Un humain, adulte ou enfant, qui enfouit ses émotions, qui ne peut pas ou n'a pas le droit de manifester sa joie ou sa colère, n'apprend pas à tenir compte du message de ses émotions et donc de ses besoins.

## CE QU'EST RÉELLEMENT UNE ÉMOTION

Une émotion est une réaction d'ordre physiologique, physique et non psychologique. C'est une réaction instantanée, comme un réflexe. Une émotion va libérer des hormones spécifiques (dopamine, adrénaline, cortisol...) sécrétées dans notre corps suite à un stimuli externe (perçus avec les cinq sens) ou suite à un stimuli interne (avec les pensées, souvenirs, l'imagination). À savoir, le mot émotion se traduit du latin : Énergie en mouvement = Une émotion est de l'énergie en mouvement. Une émotion est un message que notre corps nous donne à travers le déclenchement de réactions physiologiques dont le but est de nous mettre en mouvement, de nous pousser à réagir pour **répondre à nos besoins** et retrouver un équilibre en soi. Il peut s'agir d'un message qui nous indique que quelqu'un a dépassé nos limites personnelles et donc que nous avons besoin de réaffirmer nos limites pour se respecter. Ou bien, il peut s'agir d'un message qui nous indique que nous n'avons pas agi en accord avec une valeur profonde et donc que nous avons besoin de revoir nos valeurs, priorités et envies etc. Il y a 6 émotions fondamentales : la joie, la colère, la peur, la tristesse, la honte, le dégoût. Vous trouverez à la page 126 , "La roue des émotions", un outil qui aide à comprendre et à faire le lien entre nos émotions et nos besoins.

---

LE SAVIEZ-VOUS : SELON LES NEUROSCIENTIFIQUES,
UNE ÉMOTION DURE EN MOYENNE SEULEMENT

90 SECONDES !

---

Une émotion naturelle et adaptée dure en moyenne 90 secondes. Une émotion se différencie d'un sentiment dans le sens où le sentiment est de l'ordre de la pensée plutôt que du corps. Exemple de sentiments : tiraillé, inquiet, dépassé, épuisé, calme, tranquille, courageux.... Si vous êtes en colère depuis plus d'une minute et demie, c'est parce que vous rejouez la scène dans votre esprit, ou vous restez dans les même cycles de pensées négatives. Chaque fois que vous rejouez l'histoire, vous relancez le circuit et la réaction émotionnelle. Chaque fois que vous choisissez de penser à des pensées douloureuses, vous créez une réaction physique dans votre corps. Non seulement vous gardez votre esprit dans un espace négatif, mais votre corps ressent encore et encore la douleur créée par la colère. C'est ainsi que nous pouvons devenir addict de nos émotions, et à cette libération de substances chimiques dans le corps. Une émotion se déroule en 3 étapes :

· **La charge** : montée des sensations corporelles (gorge sèche, rythme cardiaque qui s'accélère, sensation de chaleur...)

· **La tension** : l'émotion entre en action, c'est le moment où l'émotion est à son maximum.

· **La décharge** : pleurs, cris, tremblements, bâillement... L'émotion retombe et se décharge pour un retour à l'équilibre, à l'apaisement.

Quand on vit une émotion jusqu'au bout (jusqu'à la décharge), on se sent mieux après. Il est important de laisser la décharge se dérouler pour ne pas rester en tension. Durant la phase de tension, le corps est entièrement mobilisé ; dans la phase de décharge, il se libère de cette énergie et retrouve, après l'extériorisation, son équilibre initial.

## CE QUE L'ON RÉPRIME, S'IMPRIME

Ce n'est pas un sujet que l'on aborde beaucoup dans le milieu médical. Cependant la répression émotionnelle abîme la santé physique. Si cette tension ou accumulation d'énergie n'est pas liquidée, elle risque de verrouiller tout le système émotionnel et de s'imprimer dans le corps. C'est alors que se créent des blessures et blocages. Lorsqu'on est à l'écoute de nos émotions, qu'on les accueille, on s'en libère. À l'inverse, quand on réprime une émotion, cette énergie qui est mobilisé pour agir et qui ne s'exprime pas va rester en tension dans le corps. L'émotion reste bloquée, liée au souvenir. Tant qu'on n'exprime pas ses émotions, elles n'ont, pour se manifester, d'autre issue que le langage de la maladie, des douleurs, de l'anxiété. « Ce que l'on réprime, s'imprime. » Les douleurs physiques sont donc souvent liées à des blessures et souffrances affectives. Cependant lorsque le corps s'exprime par des symptômes, on ne les associe pas forcément à ces émotions enclavées..

La première étape pour s'en libérer consiste à apprendre à reconnaître ses sensations, à identifier l'origine, et le message qui se cache derrière. Cela suppose de les laisser émerger, les accueillir et si possible de mettre des mots sur les maux afin qu'ils perdent leur intensité. Parler, pleurer, écrire, danser.. Vous seul trouverez le meilleur moyen de vous libérer de vos émotions imprimées. Lorsque l'on se libère d'émotions imprimées, on peut observer de grands changements. Katherine par exemple, une cliente que j'ai suivie sur plusieurs semaines avait perdu son papa il y a quelques années de ça. Elle l'avait retrouvé mort dans son lit un soir. Cette vue la traumatisé. Elle était choquée, mais n'a pas versé de larmes, n'a pas extériorisé ces émotions. Elle s'est directement jeté dans son travail et voulait juste "oublier" ce qu'elle a vu et ne plus jamais y penser. Inconsciemment, elle a réprimé ses émotions. Celles-ci se sont alors imprimées. Et depuis ce jour elle ressentait une boule, une oppression au niveau de la poitrine, au niveau du cœur. Dès lors qu'elle pensait à son papa, elle revivait la scène. Un jour lors d'une séance, elle s'est autorisé à ressentir, en laissant envahir l'émotion, en accueillant l'émotion. Elle est passé par plusieurs stades, la colère, la tristesse, la honte, le dégout pour finalement arriver à l'acceptation pour libérer naturellement et complètement toute cette énergie qui s'était imprimé le jour où elle a retrouvé son papa dans son lit. Cette oppression au niveau du cœur qui l'étouffait au quotidien, l'empêchant de respirer a disparu. La preuve que **ressentir c'est guérir.**

Chaque jour lorsque nous ressassons le passé (de manière automatique ou non), en repensant à nos problèmes, à des moments en particulier, nous réactivons inconsciemment les émotions actives du passé. Car les problèmes du passé sont des souvenirs, des souvenirs de personnes, d'images, d'objets, d'endroits, de situations. Vous remarquerez que si je vous demande de repenser à un souvenir très triste ou un souvenir très joyeux vous pouvez facilement vous y "replonger". Mais si je vous demande ce que vous avez mangé avant hier, ou de me raconter votre journée de travail de lundi dernier, vous avez probablement du mal à vous en souvenir. Puisque ce sont des situations faibles en émotion. Le cerveau trie constamment et enregistre les moments fort en émotions, (capture d'écrans) puisque ce sont celles qui sont ont le plus d'importance pour notre survie d'humain.

**Chaque souvenir du passé, est attaché, associé à une émotion.** Qu'elle soit « négative ou positive », agréable ou désagréable, plus ou moins forte. Et donc lorsque nous pensons dans le passé, à nos problèmes du passé, c'est comme si le corps lui revivait la scène.

**Car le corps ne sait pas la différence entre ce que nous vivons réellement sur le moment présent et ce que nous imaginons avec notre esprit.** Vous l'aurez compris, il faut éviter de concentrer son énergie sur les souvenirs négatives du passé pour ne pas reproduire les mêmes schémas. Mais il est aussi utile et incroyablement puissant de consacrer un temps et poser l'intention de ressentir les émotions réprimés du passé qui créent des blocages dans le présent.

125

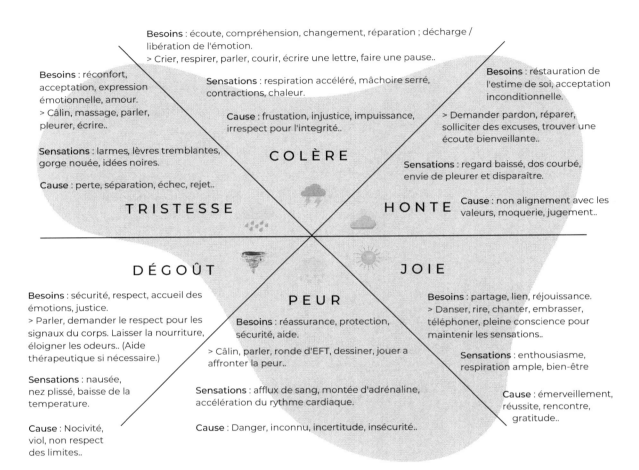

**Besoins** : écoute, compréhension, changement, réparation ; décharge / libération de l'émotion.
> Crier, respirer, parler, courir, écrire une lettre, faire une pause..

**Besoins** : réconfort, acceptation, expression émotionnelle, amour.
> Câlin, massage, parler, pleurer, écrire..

**Sensations** : respiration accéléré, mâchoire serré, contractions, chaleur.

**Cause** : frustation, injustice, impuissance, irrespect pour l'integrité..

**Besoins** : réstauration de l'estime de soi, acceptation inconditionnelle.
> Demander pardon, réparer, solliciter des excuses, trouver une écoute bienveillante..

**Sensations** : larmes, lèvres tremblantes, gorge nouée, idées noires.

**Cause** : perte, séparation, échec, rejet..

## COLÈRE

**Sensations** : regard baissé, dos courbé, envie de pleurer et disparaître.

## TRISTESSE

## HONTE

**Cause** : non alignement avec les valeurs, moquerie, jugement..

## DÉGOÛT

## JOIE

## PEUR

**Besoins** : sécurité, respect, accueil des émotions, justice.
> Parler, demander le respect pour les signaux du corps. Laisser la nourriture, éloigner les odeurs.. (Aide thérapeutique si nécessaire.)

**Besoins** : réassurance, protection, sécurité, aide.
> Câlin, parler, ronde d'EFT, dessiner, jouer a affronter la peur..

**Besoins** : partage, lien, réjouissance.
> Danser, rire, chanter, embrasser, téléphoner, pleine conscience pour maintenir les sensations..

**Sensations** : nausée, nez plissé, baisse de la temperature.

**Sensations** : enthousiasme, respiration ample, bien-être

**Sensations** : afflux de sang, montée d'adrénaline, accélération du rythme cardiaque.

**Cause** : Nocivité, viol, non respect des limites..

**Cause** : émerveillement, réussite, rencontre, gratitude..

**Cause** : Danger, inconnu, incertitude, insécurité..

"QUAND ON CESSE DE RECONNAÎTRE SES ÉMOTIONS, ON CESSE DE COMPRENDRE LE SENS DE NOS EXPÉRIENCES." - NATHANIEL BRANDEN.

# ESTIME DE SOI ET CONFIANCE EN SOI

# ESTIME DE SOI ET CONFIANCE EN SOI

## DIFFERÉNCIER LES DEUX

### ESTIME DE SOI

- Combien je me considère avoir de la VALEUR
- Se valoriser
- S'apprécier, aimer son apparence, sa façon d'être
- "Je connais ma valeur, je m'apprécie tel que je suis. Je mérite le boheur."

### CONFIANCE EN SOI

- Combien je me considère CAPABLE
- Se faire confiance
- La capacité d'affronter différentes situations
- "Je peux le faire, je suis capable de tout"

CONFIANCE EN SOI

AMOUR DE SOI

ESTIME DE SOI

ACCEPTATION DE SOI

VISION & IMAGE DE SOI

# ESTIME DE SOI ET CONFIANCE EN SOI

## DIFFERÉNCIER LES DEUX

L'estime de soi et la confiance en soi sont deux concepts différents mais ils se développent ensemble. Pour faire simple :

- **L'estime de soi** désigne le jugement ou l'évaluation qu'une personne fait par rapport à sa propre valeur. Il est important de savoir que l'estime de soi découle d'une chose : **LA FIDÉLITÉ A SOI.**

- **La confiance en soi** désigne le sentiment de sécurité que ressent une personne face à une situation. Elle est directement liée à nos capacités, à l'aptitude de « **FAIRE** », de passer à l'action. C'est avoir confiance donc en sa capacité de penser et d'apprendre, de prendre des décisions, d'agir, de réagir et de s'adapter aux changements qui s'offrent à soi.

L'estime de soi, c'est comme une fleur à 4 pétales qui a besoin d'être arrosée quotidiennement : La confiance en soi, l'amour de soi, la vision & l'image de soi et l'acceptation de soi influent tous sur votre niveau d'estime. Ils sont liés, l'un affecte l'autre. Il est donc nécessaire de travailler son estime de soi afin d'augmenter sa confiance en soi. Nous allons voir ensemble comment cela est possible grâce à une pratique unique quotidienne.

*LE PLUS GRAND SECRET DU BONHEUR
C'EST D'ÊTRE BIEN AVEC SOI-MÊME...*

Une des meilleurs façons de commencer à travailler l'estime de soi et en parallèle la confiance en soi est avec le journaling. Vous connaissez peut-être, c'est le fait d'écrire dans un journal au quotidien. Mais vous vous demandez surement, en quoi est-ce le meilleur outil ?

**1 - Le journaling nous permet de prendre conscience de nos pensées automatiques**, nos émotions, nos réactions, nos croyances limitantes, et de tous nos mécanismes inconscients. Ce qui nous permet d'apprendre à nous connaitre, le vrai "moi" en dessous des couches de conditionnement et de blessures du passé. C'est en devenant conscient de ces différents aspects de nous que nous pouvons enfin commencer à guérir, à s'accepter et à s'aimer pour ce que nous sommes.

**2 - Le journaling permet de "ranger", de "faire le ménage" dans l'esprit**. « Écrire c'est ranger le bordel que l'on a dans sa tête. » C'est un peu comme faire le ménage. Comme dans la vie il est mieux de faire son ménage au quotidien, sinon les choses s'accumulent, la poussière s'installe, on perd des choses.. On se sent tellement mieux dans un espace rangé ! Cela nous encourage à prendre du recul et à reconsidérer les situations que l'on vit dans son ensemble. En sortant nos pensées de notre tête, et en les mettant sur papier, on profite de perspectives qu'on n'aurait jamais eues autrement.

**3- Le journaling est un excellent moyen pour se libérer d'émotions désagréables**, pour digérer et accepter des évènements, pour aller de l'avant. Bien souvent nous restons bloqués, en boucle sur des évènements du passé. Cela nous empêche de vivre le moment présent et d'être vraiment soi. Se vider le cœur et jeter sur le papier tout ce que l'on ressent sans censure consiste sans aucun doute en une vraie « thérapie par l'écriture ». C'est d'ailleurs l'un des actes d'auto-soin les plus efficaces en plus d'être l'un des moins chers. Le fait d'écrire, tout en se laissant ressentir les émotions (rappelez-vous, "ressentir c'est guérir") qui surviennent, permet de se libérer de celles-ci et ainsi guérir nos blessures.

**4 - Le journaling permet de reprogrammer l'esprit.** Comme nous avons vu précédemment, il a été prouvé que notre cerveau est capable de créer de nouvelles connexions neuronales, de créer et renforcer de nouveaux schémas neurologiques. C'est ce que l'on appelle la neuroplasticité. À chaque instant de notre vie, le cerveau change et se reconfigure. Nous sommes donc capables de changer nos habitudes de pensée, d'être et d'agir. C'est en se focalisant sur le positif, en écrivant ce que nous voulons être et comment nous voulons agir, en se posant de nouvelles questions, en essayant de voir les choses de nouvelles manières que nous pouvons littéralement reprogrammer notre esprit. Le simple geste d'écrire ses objectifs, et ce que l'on veut va augmenter de plus de 60% nos chances de les atteindre ! C'est comme si nous donnions des consignes à notre esprit, afin qu'il puisse nous aider consciemment à atteindre nos objectifs. Nous pouvons notamment reprogrammer nos croyances et pensées grâce à la répétition, puisque souvenez-vous l'esprit intègre de nouvelles choses lorsqu'elles sont répétées suffisamment de fois, que les schémas neurologiques se sont assez renforcé pour être accepté par l'inconscient (le pilote automatique) et devenir "automatiques". Il n'est pas possible de supprimer des schémas neurologiques mais il est possible de les remplacer en créant de nouvelles connexions, de nouveaux schémas. C'est aussi de cette manière que nous installons de nouvelles habitudes, des habitudes plus saines ou plus adaptés. C'est la raison pour laquelle une nouvelle habitude peut prendre environ 70 jours avant de s'intégrer et devenir "automatique". À partir de ce moment-là, les neurones se fusionnent automatiquement et notre esprit va nous rappeler d'effectuer telle ou telle chose.

Il n'y a pas de bonne ou de mauvaise manière de pratiquer le journaling, cependant en fonction de notre besoin, notre souhait ou problématique il existe différentes manières de procéder. Vous pouvez commencer votre pratique de journaling par de l'écriture libre, "faire le ménage" en quelque sorte. Libérez tout ce qui vous reste dans l'esprit afin de voir plus clair pour la suite.

➡ Pour cela fixez-vous un temps, (par exemple 5 minutes pour commencer) et écrivez simplement votre flux de conscience (vos pensées, ce qui vous vient). Ce n'est pas censé être de l'art, ou être particulièrement organisé, intelligent ou même profond. Profitez-en pour expulser tout l'inutile qui a surchargé l'esprit, tout ce qui vous rend en colère ou triste, ou bien tout ce qui vous rend heureuse et paisible. En fait, tout ce qui tourbillonne dans votre subconscient et brouille dans votre cœur.

➡ Puis, écrivez et répondez aux questions suivantes. En fonction de votre besoin, vous pouvez tout à fait adapter la pratique. De plus, afin de faciliter la mise en place d'une nouvelle habitude, et de vous aider à vous y tenir, vous pouvez commencer par répondre seulement à 1 ou 2 questions. Puis, tous les mois vous ajouterez une question de plus. La pratique complète sera évidemment plus puissante, mais il faut aussi s'y tenir sur la durée. Et lorsque nous nous mettons à créer une nouvelle habitude, il ne faut pas surcharger l'esprit. Il est impératif de commencer petit.

### QU'EST CE QUI ME FAIT RESSENTIR DE LA GRATITUDE ?
*ENTRAINER SON ESPRIT À SE CONCENTRER SUR LE POSITIF*

- Listez 3 choses dans votre vie personnelle et 3 choses dans votre vie professionnelle.

Eprouver de la gratitude c'est tout simplement être reconnaissant(e). C'est dire merci, pour, un bien matériel, immatériel, un souvenir, une situation.. ou bien c'est simplement lister ce que vous aimez dans votre vie actuelle. Exemple : J'aime mon corps, ma santé, le fait de pouvoir voir, entendre, sentir, le sourire d'un passant, d'être entouré, d'avoir des enfants, le ciel bleu.. Décrivez brièvement pourquoi. **Pourquoi pratiquer la gratitude ?** Dans un premier temps, pour reprogrammer et entrainer le cerveau et notamment notre "système réticulaire" à se focaliser sur le positif. Et dans un deuxième temps, afin d'émettre un message de gratitude à l'univers. D'après les dernières recherches en physique quantique. "Tout est énergie, fréquence et vibration". Toute matière est faite d'atomes et d'électrons qui sont de l'énergie. Donc, tout être, matière, liquide ou gazeux, son, lumière, onde, champ, gravité...est énergie. Chaque émotion que nous ressentons émet une certaine vibration. Nous pouvons donc changer de fréquence comme on change de fréquence radio. Lorsque nous éprouvons un sentiment de gratitude, nous émettons une certaine fréquence et envoyons un message d'abondance à l'univers. Et si vous êtes familier(ère) avec la **loi de l'attraction**, cela nous attire en retour davantage d'abondance dans notre vie..

Écrivez plusieurs fois les affirmations, croyances et pensées que vous voulez intégrer dans votre inconscient. (Un sujet que nous allons voir en détail lors du chapitre "reprogrammer son esprit"). Ne les recopiez pas juste machinalement, répétez les dans votre tête, soyez présent et mettez y du cœur.

C'est aussi le moment de vous rappeler de votre plan de vie. Écrivez vos valeurs, votre vision de vie (objectifs) et votre mission de vie. Le tout au présent. Ex : Je suis déterminé, courageux, honnête, aimant... Je suis un sportif, je suis un papa respectueux, je possède ma propre entreprise, je gagne X par mois. Ma mission de vie est d'ajouter de la valeur dans la vie des personnes.

### QU'EST-CE QUE J'AI FAIT DE BIEN AUJOURD'HUI ? CE DONT JE SUIS FIÈR(E) (80%)

*GAGNER EN AMOUR PROPRE ET EN MOTIVATION*

Notez toute ce que vous avez fait de positif aujourd'hui, ce dont vous êtes fier(e). Même (et surtout) les petites choses, exemple : j'ai pris du temps pour prendre soin de moi, me maquiller, j'ai sorti le chien, j'ai bu 2L d'eau, j'ai appelé une amie, j'ai lu 2 pages d'un livre, j'ai participé durant la réunion, j'ai mangé sainement etc...

### QU'EST-CE QUE J'AURAIS PU FAIRE DE MIEUX OU DIFFÉREMMENT ? (20%)

*GAGNER EN AMOUR PROPRE ET EN MOTIVATION*

Pensez à respecter la règle des 80%-20%. Nous avons naturellement tendance à se focaliser sur "le négatif" ce que nous n'avons pas fait ou ce qui n'était pas assez bien. L'idée ici est de se concentrer sur les 80% de ce que nous avons fait de bien, et les 20% ce qui est à améliorer. De ce fait nous apprenons à nous aimer, à s'accepter tout en laissant une place pour l'amélioration. C'est ainsi que nous évitons la spirale négative de la culpabilité et le découragement. Et ouvrant la voie à l'amour et la motivation, elle nous donne envie de continuer à progresser et de mettre en place les petits changements chaque jour.

## 5 - ÉCRIRE SES 2 NON NÉGOCIABLES POUR LE LENDEMAIN, OU POUR LA JOURNÉE.

### APPRENDRE À SE FAIRE CONFIANCE ET À S'AIMER

C'est-à-dire, se faire la **PROMESSE** d'effectuer ces 2 choses. L'idéal est de commencer par des petites choses : prendre 2 minutes pour respirer, faire 5 minutes de marche, manger un repas sain..

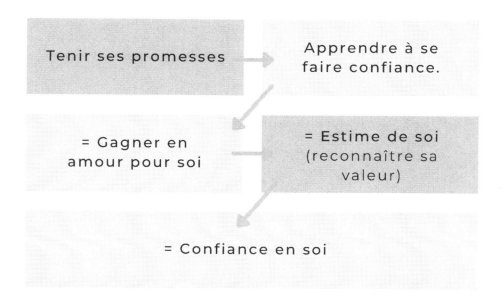

Toujours commencer petit, étape par étape. Cela crée de la motivation, de l'entrain et développe l'estime et la confiance de manière constante sur la durée.

## QU'EST-CE QUE J'AI APPRIS AUJOURD'HUI À LA SUITE DES ÉVÉNEMENTS DE LA JOURNÉE ?
### PRENDRE CONSCIENCE DE SES COMPORTEMENTS, PENSÉES ET INSTAURER DE NOUVELLES CROYANCES

Écrire les déclics, citations, compréhensions qui vous ont marqué, ce que vous voulez retenir ou mettre en place pour le futur. Exemple : J'ai remarqué une pensée négative qui est survenu plusieurs fois dans la journée, je me suis rendu compte que j'ai besoin de prendre des pauses, de respirer, pratiquer la pleine conscience et revenir au moment présent me détend. J'ai lu que.. Je me suis rendu compte que.. Je veux croire que..

## ÉCRIRE 3 OBJECTIFS RÉALISTES POUR LE LENDEMAIN.
### AVANCER VERS SES OBJECTIFS

Ce sont les habitudes et/ou étapes qui vous permettront d'avancer vers un ou plusieurs de vos objectifs de vie.

Il est possible lors de cette pratique (plus particulièrement au début) que votre esprit s'égare. Et c'est totalement normal. Souvenez-vous, notre esprit est indiscipliné par nature. Alors dès que vous vous êtes rendu compte que vous êtes dans vos pensées, revenez simplement à l'exercice. Répétez à chaque fois que vous avez été distraite... Et félicitez-vous de muscler votre cerveau.

# JOURNAL
## DU SOIR

### GRATITUDE

### AFFIRMATIONS / PLAN DE VIE

### *80%* - CE QUE J'AI FAIT

### *20%* - CE QUE JE PEUX FAIRE DE MIEUX

### *2* NON NÉGOCIABLES / PROMESSES

### 3 OBJECTIFS

DÉCLICS, COMPRÉHENSIONS, LEÇONS À RETENIR...

# ESTIME DE SOI ET CONFIANCE EN SOI

## LES CLÉS DE LA CONFIANCE EN SOI

La confiance en soi est essentielle à l'épanouissement et au développement de chacun. Elle protège dans toutes les situations, car elle permet de dire ce dont on a envie, ce dont on a besoin, ce que l'on pense. On agit alors au mieux de ses intentions et donc en alignement avec nous mêmes, avec nos valeurs. Voici 7 clés essentielles qui vous feront gagner en confiance. Je vous conseille de relire ces clés et d'imaginer comment vous pouvez les intégrer et mettre en pratique dans votre vie.

### LES 7 CLES ESSENTIELLES QUI VOUS FERONT GAGNER EN CONFIANCE POUR DE BON

- **Veiller à son discours interne,** se parler avec bienveillance, amour, compréhension. Sans jugement.

- **Cesser de se comparer aux autres,** se concentrer sur soi-même.

- **Sortir de sa zone de confort,** essayer de nouvelles choses, développer ses capacités.

- **Changer d'état d'esprit,** "Jamais d'échecs que des leçons".

- **Cesser de vouloir être parfait.** Accepter que la perfection n'existe pas, se focaliser sur la progression, la pratique, l'apprentissage, l'évolution.

- **S'écouter** : écouter ses émotions pour répondre au mieux à ses besoins.

- **Prendre soin de soi,** s'aimer suffisamment pour faire de soi même une priorité. Prendre soin de sa santé, son physique, son bien-être mental.

## 1 - VEILLER À SON DISCOURS INTERNE, SE PARLER AVEC BIENVEILLANCE, AMOUR, COMPRÉHENSION

D'après les chercheurs en neurosciences environ 60 000 pensées nous traversent l'esprit quotidiennement, dont 90% identiques à la veille et environ 60% d'entre elles seraient négatives ! D'où l'importance de devenir conscient de son discours interne, de ses pensées automatiques pour ne pas reproduire sans cesse les mêmes schémas.

Il faut apprendre à être bienveillant avec soi-même, se parler comme si on parlait à un(e) meilleur(e) ami(e). Être à l'écoute, compréhensif et surtout sans jugement. Nous avons tous en nous un enfant intérieur, cet enfant blessé du passé, qui apparaît sous forme de pensées et programmes négatives. Il est souvent la source de conflit d'intérieurs d'ailleurs. Certes, nous ne sommes pas responsable de notre enfance, ni les blessures que nous avons vécu. Mais il est à nous aujourd'hui de prendre responsabilité pour cet enfant blessé et d'apporter notre bienveillance, amour et compréhension afin de guérir et évoluer. Cela passe par l'acceptation de ces émotions, valider ses propres émotions, expériences, et réalité. Cela passe par se respecter soi-même, respecter ses propres envies profondes, ses propres besoins et limites. C'est s'autoriser à être soi-même, à montrer toutes les parties de soi-même, c'est s'accepter, se pardonner et s'aimer dans toutes les circonstances. Aussi difficile que cela puisse paraître au début, il s'agit simplement d'être en communication avec soi-même et petit à petit apporter des changements. Certaines choses que vous pourriez vous dire / dire à votre enfant intérieur et qui vous avanceront dans votre guérison incluent, par exemple : Je t'aime. Je suis là pour toi. Je suis désolé pour X. Merci pour X. Je te pardonne. C'est ok de ressentir X.  Etc...

## 2 - CESSER DE SE COMPARER AUX AUTRES

SI on passe notre temps à regarder l'autre voie, à regarder les autres voitures, ce qu'elles font, ou ne font pas, où elles vont ou ne vont pas... Tôt ou tard nous allons nous écarter de notre propre voie et probablement créer un accident. Concentrez-vous sur vous-même, sur ce que vous pouvez faire pour changer, pour grandir, pour vous aider, pour répondre à vos besoins. Vous êtes autant capable et méritant(e) que les autres. Sachez que vous êtes unique, il n'y a personne d'autre exactement comme vous au monde. Vous avez de la valeur, et vous avez des capacités que d'autres personnes ne possèdent pas ! Le potentiel de l'humain est presque illimité. Et si on décidait de cesser de se comparer aux autres et de commencer à croire que tout est possible pour soi. Vous êtes assez bien, exactement comme vous êtes (à se répéter sans modération).

## 3 - CESSER DE VOULOIR ÊTRE PARFAIT

Beaucoup d'entre nous avons été conditionnés dès notre plus jeune âge à devoir éviter les erreurs à tout prix. Être "une bonne fille, sage", "un gentil garçon" pour éviter d'être punis, pour être félicité, valorisé... Accepté. Ceci est enregistré dans notre système de croyances et plus tard faire des erreurs devient alors difficile. Nous avons peur de mal faire, peur de ne pas faire assez bien, de ne pas être assez bien, et donc de ne pas être accepté ou aimé tel que nous sommes vraiment. Cela a créé des blessures profondes et généralement inconscientes. Nous voyons le monde à travers ce filtre sans en être réellement conscient. Intégrez des nouvelles croyances et rappelez-vous, que la perfection n'existe pas. Personne n'est parfait, les humains sont de véritables imparfaits.

Et nous avons besoin de l'être! Pour toujours apprendre, progresser, toujours grandir et s'améliorer. Aimez-vous, acceptez-vous tels que vous êtes, toutes les parties de vous. Montrez toutes les parties de vous.. Être imparfait(e) va vous permettre de faire des erreurs, et d'apprendre, ce qui va vous permettre de grandir, changer, vous épanouir et parallèlement à ça votre vie va changer !

## 4 - CHANGER D'ÉTAT D'ESPRIT, "JAMAIS DES ÉCHECS SEULEMENT DES LEÇONS"

On a vu précédemment les 2 différents états d'esprits et l'importance de développer une mentalité grandissante, de changer de perspective et de commencer à voir ses échecs comme des expériences. Car cela vous permet de faire les apprentissages nécessaires pour la suite. Pour vivre mieux, avec un niveau de conscience un peu plus élevé. Les "échecs" qui vous rendent malheureux aujourd'hui, vous sembleront déjà nettement moins amer. Et vous ne perdrez plus jamais confiance en vous, car vous n'allez plus baser votre valeur sur vos "réussites et échecs" mais plutôt sur vos "réussites et apprentissages". Et ça, ça change tout. Adoptez l'identité du "learner", de l'apprenant. Si vous vous dites que tout ce que vous vivez aujourd'hui, le bien comme le mal, n'est pas là pour vous faire souffrir mais pour vous permettre de tirer des leçons, cela vous donne déjà une meilleure perspective. Voyez vos « échecs » comme des alliés, comme des guides bienveillants qui sont simplement là pour éclairer votre chemin et vous avancer vers le vrai bonheur. Cherchez non seulement à être positif mais aussi à voir les choses de manières différentes, se questionner, chercher les solutions, les bienfaits parfois cachés. En fin de compte, rien n'est positif ou négatif, bien ou mal, c'est nous qui donnons un sens à tout ce qui nous arrive. C'est un choix. Alors décidons de voir les choses différemment.

L'esprit nous rapproche de ce qui nous est familier et nous éloigne de l'inconnu. Par défaut, il souhaite que l'on reste dans notre "zone de confort" dans ce que l'on connaît. Ceci est dû à notre cerveau "reptilien", qui est lié à notre instinct de survie. Il veut nous protéger à tout prix. Seulement parfois, cette "zone de confort" contient et crée en boucle de la douleur, du stress, de l'inquiétude, du mal-être, un manque de confiance. Mais... Vous êtes maître de votre destin, vous êtes responsable de votre vie, et vous pouvez changer cela. C'est à nous d'aller au-delà du familier, pour créer les changements que l'on souhaite faire apparaître. On augmente notre confiance en soi en essayant de nouvelles choses, en installant de nouvelles habitudes positives.

C'est en traversant l'inconfort et la difficulté, que nous nous rendons compte de nos capacités. Lorsque l'on persévère pour s'améliorer dans un domaine ou une activité, que l'on aille au-delà de nos blocages et peurs. "Faites ce qui est difficile pour rendre votre vie plus facile." Rien n'est facile avant d'être difficile, et la difficulté est temporaire. Apprendre à faire du vélo c'était difficile pour nous tous, nous ne nous sentions pas en confiance, pas en sécurité, on ne pensait jamais pouvoir y arriver ! (Parce que l'on ne l'avait jamais fait avant justement, mais ce n'est pas parce qu'on ne l'a jamais fait auparavant que cela est impossible !) Peut-être que certains ont abandonné mais pour beaucoup d'entre nous, nous avons réussi à nous dépasser, à persévérer et puis faire du vélo est devenu un automatisme... Easy! Nous avons gagné en confiance en soi. Et maintenant nous n'avons même pas à y penser, juste à pédaler la tête haute. Retenez que la capacité vient en s'entrainant, la confiance et la sécurité viennent avec l'expérience.

S'écouter pour répondre à ses besoins est primordial. Pour clarifier davantage les choses, voici quelques étapes à suivre :

- **Accueillir l'émotion** (et/ou pensées)

- **Accepter et reconnaître cette émotion,** sans la juger. Au début il peut être difficile de reconnaitre ses émotions. Dans ce cas, commencez par mettre des mots sur la sensation que vous ressentez.
  - Où est ce que vous la ressentez ?
  - C'est quelle genre de sensation ? (chaleur, tension, picotements...) Si vous pouviez la décrire ; sa forme, sa taille, sa couleur etc. À force de le décrire, vous allez apprendre petit à petit à vous reconnecter à vos émotions.

- **Identifier le besoin qui y correspond,** de quoi ai-je besoin ? Quelle message me transmet cette émotion ?

Exemple : *Emilie 27 ans :* Je ressens une tension au niveau des épaules et des cervicales, une pression, la couleur rouge me vient à l'esprit, un bloc de rouge fixe. J'en conclus après plusieurs expériences, qu'il s'agit de la colère. De la colère que je n'ai pas voulu accepter, que je ne voulais pas ressentir car je ne voulais pas être en colère vis à vis de mon conjoint. Le message que me transmet cette émotion est que je ne ne me suis pas écouté, et je n'ai pas posé de limite. J'ai dit oui, pour voir la famille de mon conjoint, alors que au fond je voulais dire non car j'avais besoin de temps pour me reposer et me recharger.
*Besoin* : J'ai besoin de poser des limites pour mon bien-être.

Prendre soin de soi est essentiel, s'aimer suffisamment pour faire de soi-même une priorité. Prendre soin de sa santé, son physique, son bien-être mental. Vous ne pouvez pas donner aux autres ce que vous ne pouvez pas donner à vous-même. Si vous êtes épuisé, vous ne pouvez pas donner de l'énergie aux autres, si vous êtes débordé, vous ne pouvez pas donner votre temps aux autres, si vous êtes trop stressé vous ne pouvez pas être en pleine santé. Ce n'est pas égoïste de faire de soi-même sa priorité, car lorsque nous sommes entières nous sommes capables de donner plus à autrui.

Faire de soi-même une priorité c'est aussi prendre responsabilité de sa vie, de son bonheur c'est redevenir acteur/actrice. C'est sortir du rôle de la "victime", accepter ce que l'on ne peut pas contrôler et changer ce que l'on peut. Chacun d'entre nous est responsable de sa propre vie, et de ses propres décisions. Où et qui nous sommes aujourd'hui est le résultat d'un ensemble de choix du passé. Alors, si nous voulons changer notre futur, gardons en tête que ce sont les décisions que nous prenons aujourd'hui qui créent notre futur. S'il y a une personne avec qui vous serez toute votre vie, de manière constante c'est bien avec vous-même. Alors autant faire en sorte de bien s'entendre avec soi-même, et de vivre dans un corps sain. Une proverbe chinois dit : prends soin de ton corps pour que ton âme ait envie de l'habiter, et d'y rester. Pensez à votre alimentation, au sport, au self-care, éduquez-vous. On fait tous du mieux que l'on peut avec les connaissances actuelles que nous avons, alors apprendre au quotidien, c'est s'ouvrir la voie de possibilités. Prenez du temps pour vous déstresser, vous ressourcer, pour faire ce que vous aimez et créez votre propre bonheur. Puisque personne d'autre ne peut le faire pour vous.

# REPROGRAMMER SON ESPRIT

# REPROGRAMMER SON ESPRIT

## TRANSFORMER SON DISCOURS INTERNE

À tout moment on peut décider de reprendre le contrôle de nos pensées et reprogrammer les pensées négatives et toxiques. Ces pensées qui nous empêchent d'être serein(e), d'agir, ou d'être à l'aise, comme "je ne suis pas assez bien, que vont-ils penser, je suis nul, mon nez est trop grand, je n'y arriverais jamais.."

## EXERCICE

**1 - Je vous invite à simplement commencer par observer davantage vos pensées.** Avec curiosité, et sans jugement. Puis notez-le ou les pensées récurrentes qui créent de la tension physique ou une sensation de mal-être, de stress. Essayez pendant une semaine de **les écrire dans un journal.**

Observer ses pensées, c'est prendre conscience petit à petit lorsque vous êtes en "pilote-automatique". C'est cultiver sa curiosité, et se dire : Ok, là je suis ou j'étais dans ma pensées, dans un programme automatique, à quoi je pensais ? Je pensais à X, je pensais que X. Grâce à l'intention que vous allez poser le matin ainsi qu'à votre séance d'entrainement mental (méditation), vous deviendrez de plus en plus conscients de vos programmes inconscients. Il sera alors de plus en plus facile de repérer les pensées négatives et donc vos croyances sous jacentes. Le fait de les noter est important puisque vous allez en prendre conscience à un niveau supérieur.

Vous allez en quelques sorte, à la pêche au "programmes automatiques". Lorsque l'on réalise que nos pensées et croyances sont erronées, nous avons plus de facilité à s'en détacher. Nous retrouvons un certain pouvoir sur notre esprit. C'est alors que nous pouvons introduire de nouvelles pensées et de croyances positives utiles à notre développement.

**2 - Faites un bilan en fin de semaine de vos trouvailles.**

Demandez-vous :

- Quelles pensées m'ont générées le plus de stress et/ou tension ?
- D'où viennent ces pensées, sont-elles vraies et/ou utiles ?
- Est-ce que j'ai toujours pensé cela, si non : Qu'est-ce qui s'est passé pour que je pense différent ?
- Que dois-je croire pour penser cela ?
- Est-ce que c'est ce que je veux réellement croire ?
- Est-ce que penser et croire cela me rapproche ou m'éloigne de mes objectifs, et la vie que je veux ?

**3- Remplissez le tableau de la page suivante**, en écrivant vos pensées et les croyances sous-jacentes possibles.

N'ayez pas peur de vous tromper sur les croyances, si cela vous parle c'est que vous êtes sur la bonne voie. Une croyance peut vous mettre sur le chemin d'une autre, puis d'une autre et vous permettre de naturellement affiner et approfondir vos trouvailles.

# DÉTECTER SES CROYANCES LIMITANTES

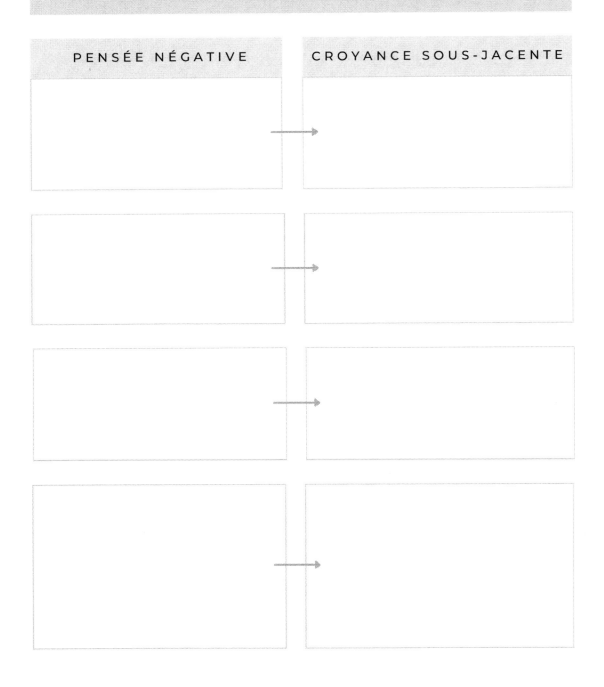

| PENSÉE NÉGATIVE | CROYANCE SOUS-JACENTE |
|---|---|
| | |
| | |
| | |
| | |

4 - **Ensuite, vous allez les transformer en pensées plus positives.** On appelle cela le recadrage. Essayez de voir les choses d'une autre perspective, de voir les bienfaits parfois cachés jusqu'à ce que la tension initiale ressentie s'allège ou disparait. Transformez la pensée négative, en ce que vous aimeriez penser et/ou croire.

*Exemples:*

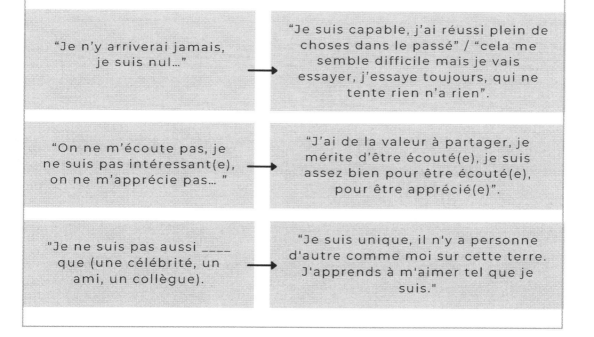

# CHANGER SES PENSÉES NÉGATIVES EN PENSÉES POSITIVES

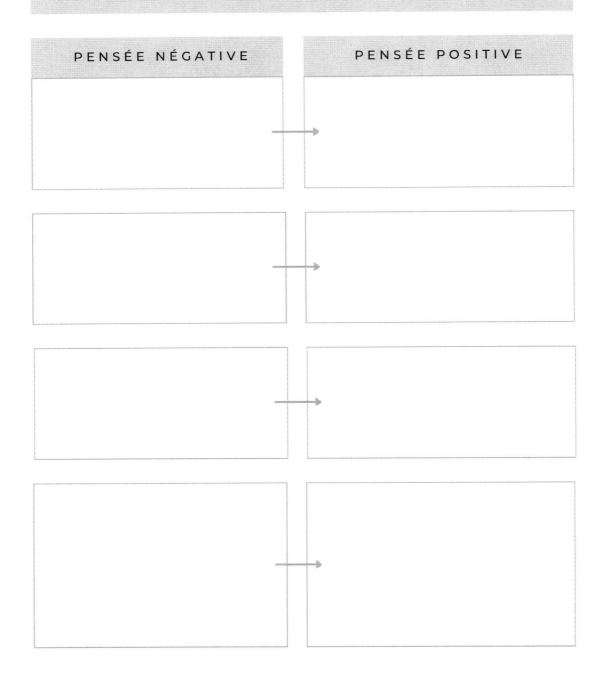

| PENSÉE NÉGATIVE | PENSÉE POSITIVE |
|---|---|
| | |
| | |
| | |
| | |

# REPROGRAMMER SON ESPRIT

## LE POUVOIR DES AFFIRMATIONS

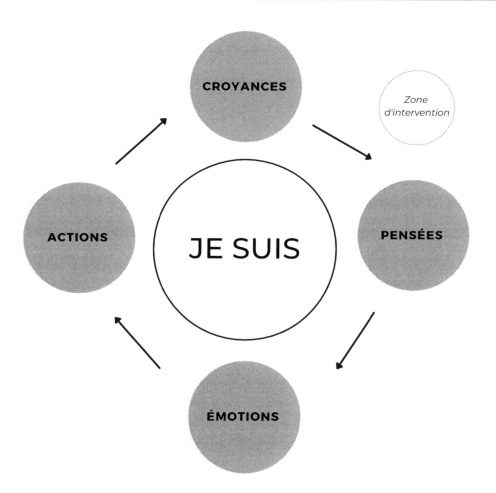

"**Toute souffrance naît de l'esprit**", non pas des événements ou situations extérieurs, mais de notre façon à les interpréter, le sens que l'on choisit de leur donner (consciemment ou non). Veille sur tes pensées, veille sur les histoires que tu te racontes, le sens que tu donnes à chaque expérience."

# REPROGRAMMER SON ESPRIT

Les affirmations sont un moyen puissant d'utiliser son esprit pour obtenir plus d'estime de soi et plus de confiance en soi. En répétant des affirmations positives, cela permet de reprogrammer naturellement nos croyances limitantes. Comme nous avons déjà pu voir précédemment : changer nos croyances limitantes nous permet de changer notre discours interne = ces pensées automatiques qui nous freinent ou nous empêchent d'être bien. Cela nous permet de se libérer de pensées négatives constantes, de certains blocages, de peurs (peur de ne pas être aimée, peur de ne pas faire assez bien, peur d'échouer etc.) et bien plus encore pour enfin agir et penser en entière accord avec nous-mêmes, avec qui nous voulons être.

Vous allez semez des graines qui vont pousser, jour après jour dans le jardin de votre inconscient. Vous  allez créer de nouvelles connexions neuronales dans votre cerveau, compléter et modifier vos schémas de pensée actuelles.

Pour bien intégrer ces nouvelles idées et croyances, vous devez vous les répéter plusieurs fois, tous les jours pendant 30 jours minimum. Souvenez-vous, tout ce qui est répété suffisamment de fois est finalement accepté par l'inconscient comme nouvelle vérité. Alors répétez, répétez, répétez. Pour plus d'efficacité encore, lorsque vous répétez une affirmation essayez de la personnaliser et trouvez 3 arguments qui soutiennent ou expliquent cette affirmation.

## Exemple :

Croyance limitante : "Je pense ne jamais pouvoir y arriver"
Affirmation : "Je suis capable de faire tout ce
dont je décide de faire"
*1 - Car le potentiel de l'humain est illimité*
*2 - Car je ne peux échouer, seulement apprendre et grandir*
*3 - Car dans ma vie j'ai déjà réussis à X...*

Répétez les affirmations au moments de la journée où votre inconscient est le plus facile à atteindre c'est à dire le matin au réveil et le soir avant de vous endormir. Les ondes du cerveau sont sur une toute autre fréquence (état de conscience modifié). Affirmez-les avec une forte intention. Affirmez-les toujours au présent et faites comme si l'affirmation était vraie, même si vous n'y croyez pas encore. Essayez de créer et ressentir de l'émotion (confiance, gratitude, amour etc.) lorsque vous répétez les affirmations. Le cerveau va les intégrer encore 2 fois plus rapidement et facilement ! Petit plus, pour les motivés ou plus expérimentés : Répéter des affirmations tout en visualisant le résultat souhaité est très puissant. Vous transmettez alors 2 messages à votre inconscient. Les connexions neuronales se renforceront plus facilement, et les circuits seront plus complexes. Vous pouvez également vous répéter au quotidien vos objectifs *au présent, pour avoir plus de chances d'y arriver.* Exemple : Mon corps est fort et en bonne santé, je suis confiant(e), je me connecte facilement aux personnes, je mange sainement la plupart du temps, je fais 30 minutes de sport tous les 2 jours... Trouvez-vous même vos affirmations grâce à l'exercice précédent ou bien faites vos propres recherches sur internet. Sélectionnez les affirmations qui vous parlent, qui ont un rapport avec vos croyances limitantes ou par défaut avec ce que vous voulez croire. **Voici 30 exemples d'affirmations positives puissantes :**

Je m'aime et je suis aimé(e) telle que je suis.

Je suis à l'écoute de mon corps et de mes besoins.

Jour après jour, je suis de plus en plus confiant(e).

Je m'aime et je m'accepte totalement, entièrement.

Je mérite l'amour, le respect et le bonheur.

Ce que j'ai à dire, ce que je ressens et ce dont j'ai besoin est important.

Je suis important(e) et j'ai de la valeur.

Je suis unique.

Je suis responsable de ma vie, de mes décisions.

Je me réveille chaque matin en me sentant heureux(se) et enthousiaste à l'égard de ma vie.

Je suis capable d'accomplir de grandes choses.

Le potentiel de l'humain est illimité.

Je possède d'infinies potentialités.

Je suis capable de faire tout ce dont je m'engage à faire.

Je décide d'agir en accord avec mes valeurs et mes besoins.

Les décisions que je prends aujourd'hui déterminent où et qui je serai demain. *Qui est-ce que je veux être ou devenir ?*

Chaque jour, je m'affirme de plus en plus, avec bienveillance et authenticité.

Je possède en moi toutes les ressources nécessaires pour réussir ma transformation et ma vie.

Chaque décision que je prends, est la bonne décision pour moi.

J'accepte ce qui est, je laisse aller ce qui était et j'ai confiance en ce qui sera.

J'ai le droit d'être heureux(se).

Je suis une belle personne, j'ai un grand cœur et je fais toujours de mon mieux.

Faire de mon mieux est suffisant.  Je suis assez bien. Je choisis de croire en moi.

Je suis ma/mon meilleur(e) ami(e), je prends soin de moi-même.

Chaque jour, je me donne le droit de briller de plus en plus.

Je mérite d'être vu, entendu et de briller.

L'échec n'existe pas, il y a seulement des leçons.

Chaque difficulté que je traverse est l'occasion pour moi de grandir, m'améliorer et devenir encore meilleur(e).

# REPROGRAMMER SON ESPRIT

## IMAGERIE MENTALE

"Donnez-lui une destination, il vous y emmènera"

Vous avez peut-être déjà entendu parler de l'imagerie mentale ou encore de "la visualisation". Ces termes consistent à créer ou à recréer une expérience, une situation dans sa tête. C'est en essayant d'imaginer et de mobiliser tous les sens (imaginer les bruits, les sensations, les odeurs etc.), dans le but d'atteindre un résultat quelconque. Vous souhaitez par exemple vivre sans douleurs, sans phobie, sans anxiété ou dépression, peut-être que vous voulez changer votre situation, trouver l'amour de votre vie, retrouver la forme physique, avoir un enfant, un travail qui vous épanouie etc, etc.

## Comment procéder ?

En contact avec votre subconscient, (c'est à dire - calme, détendu et votre attention axé vers votre monde intérieure), reproduisez mentalement l'image idéale de votre objectif atteint. Le résultat d'amour dans votre vie par exemple, ou bien d'abondance, de voyages, de votre corps idéal.. Pensez à ce que vous voulez et essayez d'imaginer clairement à quoi cela ressemblerai. Pour déclencher les images, il vous suffit simplement de vous poser ces questions et de vous laisser emporter par votre imagination. Ces images, enregistrées par le subconscient, y seront interprétées comme le but à atteindre. De ce fait, les forces mobilisées de l'esprit sont dirigés vers cet objectif. Ce qui signifie que sans même vous rendre compte votre esprit vous aidera à prendre la bonne direction, les bonnes décisions, mettre en place les bonnes habitudes, à analyser et repérer les bonnes informations pour vous permettre d'atteindre plus facilement votre objectif. Comme si vous téléchargiez de nouveaux coordonnées GPS, une nouvelle carte qui vous mène vers votre nouvelle destination.

Focalisez-vous d'abord sur une ou deux images, en lien avec un objectif. À force de les imaginer, celles-ci deviendront de plus en plus claires. Vous pourrez y ajouter petit à petit de plus en plus de détails. Nos émotions sont en lien étroit avec notre mémoire, et nous voulons à travers cette pratique, se souvenir et s'imprégner intégralement de cette nouvelle expérience / image. Je vous recommande d'imaginer celle-ci en essayant de vous procurer des émotions. Mais alors vous vous demandez peut-être comment ressentir les émotions avant même d'avoir vécu l'expérience ? C'est possible, et bien plus simple que l'on peut initialement penser. Dans la vie de tous les jours, vous en avez sûrement fait l'expérience.. Il vous suffit d'une pensée négative angoissante imaginée pour ressentir de la peur par exemple ou de la tristesse.. Il est alors tout aussi facile de se procurer des émotions positives, agréables telles que la sensation d'être aimé(e), soutenu(e), fière, valorisé(e)... C'est juste que naturellement nous en avons moins l'habitude. Le corps lui, qui ne sait pas la différence entre ce que l'on imagine et ce que l'on vit, connaîtra alors l'expérience avant même qu'elle se produise. Créant de nouvelles connexions dans le cerveau, stimulant de nouvelles substances chimiques. C'est ainsi que nous nous créons une nouvelle réalité physique, en guidant davantage le corps et l'esprit à réfléchir naturellement différemment, autrement et nous avancer plus facilement dans la bonne direction. Encore faut-il savoir ce que l'on veut atteindre, d'où l'importance des premiers chapitres d'introspection afin de se reconnecter à soi-même, à nos souhaits et envies les plus profondes.

# REPROGRAMMER SON CERVEAU

## La règle des 5 secondes. (Mel Robbins)

L'approche de Mel Robbins permet de littéralement reprogrammer son cerveau en intervenant soi-même sur ses programmes automatiques, grâce à une méthode unique, simple et efficace : Un décompte 5,4,3,2,1.

## La science derrière la méthode, pourquoi ça marche ?

D'après Mel Robbins et ses collaborateurs neuroscientifiques, nous avons une fenêtre d'environ 5 secondes, durant laquelle nous pouvons interrompre notre "pilote automatique". C'est à dire, interrompre le programme en cours, (le schéma de pensée ou d'habitude) avant que notre cerveau ne démarre à pleine vitesse et sabote tout changement de comportement.

"Ton cerveau est câblé pour t'empêcher de faire des choses inconfortables, incertaines, ou effrayantes. C'est à toi, c'est ton boulot d'apprendre comment passer de ces idées qui pourraient tout changer, à l'agissement. Dans les plus petits moments. Quand tu comptes à l'envers 5,4,3,2,1, ce que tu es réellement en train de faire c'est que tu es en train d'interrompre ce que les chercheurs appellent des « boucles d'habitudes » qui s'installent et sont encodés sous forme de schémas d'habitudes dans la partie du cerveau qui est en charge de tes sentiments, émotions et habitudes. "Habitude" qui n'est rien d'autre qu'un comportement qui est répété et dont tu n'as même pas besoin d'y réfléchir... Donc quand tu arrives à 1, tu as interrompu ton habitude. Tu as interrompu le doute, tu as interrompu la pensée négative, et donc tu as interrompu l'envie de t'énerver sur les enfants, tu as interrompu le désir de prendre un verre, tu as interrompu la procrastination..." (*Extrait interview - Tom Bilyeu Impact Theory*)

Le fait de compter en arrière 54321 permet donc d'interrompre le programme automatique en cours, en réveillant et activant le cortex préfrontal. Laissant la place et l'opportunité d'y intégrer de nouvelles pensées et comportements. Voici concrètement comment je conseille de mettre en pratique la méthode :

- **Interrompre un cycle de pensée / d'habitude négative.**

À force d'interrompre les habitudes négatives, et les schémas de pensées négatives (grâce au décompte), vous allez affaiblir ces connexions neuronales dans le cerveau. C'est également l'occasion parfaite d'intégrer une nouvelle pensée ou un comportement plus positif (qui vous avancera vers vos objectifs), de renforcer ce nouveau schéma qui finira par remplacer l'ancien. Exemple de cas :

1. **Habitude / pensée :** "Je n'y arriverais jamais"
2. **Prise de conscience > Décompte 5,4,3,2,1 =** Interrompre le programme négatif, la croyance limitante
3. **Nouvelle pensée :** Je suis capable de faire tout ce dont je décide.

1. **Habitude / pensée :** Envie d'aller prendre un paquet de gâteaux à grignoter.
2. **Prise de conscience > Décompte 5,4,3,2,1 =** Interrompre l'habitude
3. **Nouvelle pensée ou comportement :** Intégrer une nouvelle habitude ex : faire 5 squats, boire de l'eau...

- Cesser de procrastiner, passer à l'action.

Le moment où tu as un instinct ou l'envie d'agir en rapport avec un objectif, vous devez physiquement vous bouger dans les 5 secondes suivant la pensée avant que votre cerveau ne vous sabote. Exemple de cas :

1. **Pensée / habitude à changer :** Vous n'arrivez pas à vous lever du lit le matin
2. **Prise de conscience** > Décompte 5,4,3,2,1
3. **Action :** Se lever directement du lit à 1

- Revenir au moment présent

Cette technique est l'occasion de sortir des cycles de pensées négatives ou inutiles et affaiblir celles-ci. Mais aussi l'occasion de revenir au moment présent. Et ça c'est tout autant important. Car en fin de compte, seul le moment présent compte. Le passé n'existe plus, le futur n'a pas encore lieu. C'est ce que nous faisons dans l'instant présent qui compte. Le moment présent est l'opportunité d'agir de nouvelles manières, de penser différemment, de créer un futur différent.

Voici comment procéder :

1. **Habitude / pensée :** Repasser en boucle la discussion avec mes collègues, imaginer constamment des scenarios futurs négatifs
2. **Prise de conscience** > Décompte 5,4,3,2,1
3. **Revenir au moment présent** ; en se focalisant sur ses 5 sens. - Se demander : Qu'est-ce que je ressens, qu'est-ce que je sens, qu'est-ce que je vois, qu'est-ce que j'entends, qu'est-ce que je goûte. Exemple : Je ressens le poids de mon corps sur le fauteuil, je ressens l'air frais sur mes joues, j'entends les oiseaux, les bruits de travaux etc.. Sans jugement, seulement constater.

## Exemple de cas :

Lucie 36 ans souhaite maigrir, de manière plus globale elle s'est défini comment objectif de prendre plus soin d'elle-même, de son corps et de sa santé mentale. Elle sait que cela signifie des changements d'habitudes, notamment alimentaires et sportives. Elle est en a *marre d'en avoir marre*, et se sent enfin prête à agir.

Depuis quelques années elle est consciente d'avoir développé de mauvaises habitudes alimentaires. Elle ne sait désormais plus écouter son corps et les signaux de celui-ci. Elle mange de manière automatique en excès et rencontre des difficultés à s'arrêter puis à éviter le grignotage la journée. De plus, depuis deux semaines elle se promet chaque jour de commencer sa routine de sport, mais en vain... Elle repousse constamment au lendemain, et se laisse emporter, convaincre par ses pensées négatives et propres excuses automatiques. Bloqué dans une spirale de culpabilité et de frustration. Elle perd en motivation et finalement sa démarche positive de prendre plus soin d'elle, ne fait qu'engendrer du stress et du mal-être. Tout l'opposé de ce qu'elle voulait.

Pour sortir de ce cycle négatif et afin qu'elle puisse gagner en amour propre, elle a compris qu'il fallait qu'elle tienne ses promesses envers elle-même. Et cela commence par se tenir à ses nouveaux objectifs, sa nouvelle routine sportive et à ses changements d'habitudes alimentaires. **C'est alors qu'elle commence à utiliser la méthode 54321 (version marre d'en avoir marre), et tout a changé.** Grace à sa pratique quotidienne de méditation, elle prend de plus en plus conscience de ses "pulsions", habitudes et automatismes. Lucie décide de mettre en place son plan d'attaque pour ne plus grignoter la journée, manger à sa faim et effectuer ses séances de sport.

Secrétaire administrative, Lucie est assise à son bureau la majorité de la journée. Lorsqu'elle se rend compte de ses pensées / envie d'aller prendre un paquet de gâteaux elle commence à effectuer le décompte 5,4,3,2,1. Peu importe si elle est déjà en cours de route, peu importe si elle a déjà un morceau de gâteau dans la bouche. Elle sait que c'est un processus, que cela ne peut que devenir plus facile, et surtout que cela en vaut la peine. Elle garde en tête que chaque décompte la rapproche de ses objectifs.

Suite au décompte, elle revient au moment présent. Avec sa voix intérieure elle se répète : Je reviens à mes sens, qu'est-ce que je ressens, qu'est-ce que je vois, qu'est-ce que j'entends... En se posant des questions, notre cerveau est 2 fois plus attentif et participatif. Pour terminer, elle se pose la question puissante : sur quoi je veux me concentrer ? Naturellement cette question l'amène à l'image mentale d'elle en bonne santé physique, avec le corps qu'elle souhaite, pleine d'énergie, rayonnante et heureuse. C'est ainsi qu'elle réaffirme son désir, et imprègne son cerveau, son esprit, son corps de sa nouvelle directive.

**Il faut savoir que derrière chaque habitude physique se cache un besoin. Parfois reprogrammer uniquement l'habitude ne suffit pas.** Il lui faut trouver un moyen de répondre aux besoins qui se cachent en dessous. Elle se demande alors ce dont elle a réellement besoin dans ses moments de "fringales" et d'excès ? De décharger de la frustration, de prendre une pause, d'un moment pour bouger son corps, de se socialiser dans la salle de pause etc. Que lui procure-t-elle ce moment de grignotage ? Et comment peut-elle répondre autrement à ce besoin ? Après quelques semaines de réflexion et d'essai, elle décide de mettre en place des pauses pour prendre l'air et marcher 5 minutes dehors. Un moment qui lui permet de se retrouver avec elle-même, se vider la tête et recharger ses batteries.

Elle intègre également la méthode de décompte pour l'aider à agir et effectuer ses séances de sport. En amont, elle remplit un semainier, et inscrit 3 séances de 30 minutes. Elle est claire dans son objectif. Elle écrit l'heure, le type d'entraînement qu'elle souhaite faire, même le nom de la vidéo YouTube qu'elle souhaite suivre. Prise d'un élan de motivation, elle a la pensée d'effectuer sa première séance sur le coup. Elle effectue le décompte, se lève et se met en action dans les 5 premières secondes suivant sa pensée (comme le préconise Mel Robbins). Lors de son entraînement, elle a des pensées négatives, l'envie d'arrêter, elle sait que c'est normal. C'est nouveau pour son esprit, à chaque pensée négative, chaque pensée qui lui dit de s'arrêter, elle fait le décompte et revient à son corps, à ce qu'elle ressens, à sa respiration et l'exercice.

6 mois plus tard, Lucie rayonne. Son estime de soi a décuplé, elle se sent bien dans son corps, dans sa tête. Elle a même augmenté la durée de ses entrainements, soit une heure 3 fois par semaine. Elle ne grignote plus la journée, est à l'écoute de son corps et mange à sa faim, sans restrictions et donc sans culpabilité.

Son histoire peut peut-être vous inspirer, car pour beaucoup nous voulons arrêter de grignoter, ou arrêter de fumer, arrêter de boire, arrêter de procrastiner, nous voulons penser de manière positive, commencer une routine sportive, une nouvelle activité, tenir ses engagements etc... Mais nous tombons si facilement dans le piège de nos programmes automatiques inconscients et nous n'arrivons pas à changer, nous n'arrivons pas à agir.

**Utilisez cette méthode dès aujourd'hui et voyez par vous-même les changements incroyables qui sont possibles pour chacun d'entre vous.**

## PRISE DE CONSCIENCE
### SE RENDRE COMPTE DE LA PENSÉE / HABITUDE / COMPORTEMENT QUE L'ON SOUHAITE CHANGER

1

## DÉCOMPTE IMMÉDIAT - 5,4,3,2,1
### INTERROMPRE LE PILOTE AUTOMATIQUE = ACTIVATION DU CORTEX PRÉFONTAL POUR REPRENDRE LE CONTRÔLE

2

## NOUVELLE HABITUDE PENSÉE ET/OU COMPORTEMENT

3

OU

## REVENIR AU MOMENT PRÉSENT + QUESTIONS

**Pensée - (se répéter une affirmation positive)**

Exemples :

Je suis assez bien, je peux y arriver, je me focalise sur le positif, je cherche les bienfaits cachés. je ne grignote plus, je ne fume plus...

**Comportement positif à intégrer**

Exemples :

Se lever immédiatement du lit, commencer son entrainement sportif, commencer son projet, méditer, boire de l'eau...

**1 - Je reviens à mes 5 sens :**

Qu'est-ce que je ressens, qu'est-ce que j'entends, qu'est-ce que je vois, qu'est-ce que je goûte et/ou sens.

**2 - Sur quoi je veux me concentrer ?**

Exemples :

Je reviens à ma séance de sport, je continue mon livre, je veux faire preuve de compassion, je cherche le positif, je me focalise sur ce dont je peux contrôler...

# LES NIVEAUX LOGIQUES

DE LA PNL

C'est un modèle proposé par la PNL (Programmation neuro linguistique = une thérapie brève). Ce modèle a été créé par Robert Dilts à partir des travaux de Gregory Bateson. Il s'agit d'un modèle de lecture des comportements humains, et de description de nos processus psychiques. Selon Dilts, notre psychisme est organisé en niveaux logiques, c'est à dire en ensembles de processus qui influent les uns sur les autres de manière hiérarchique.

Il nous permet de travailler sur diverses problématiques, dont les comportements limitants : Exemple : un manque de confiance, une addiction, une peur. Il permet de clarifier notre objectif et de nous guider vers le changement. Car rappelez-vous à nouveau que le cerveau aime et a besoin de clarté. Lorsqu'on lui dit avec précision ce que l'on souhaite, il va tout faire pour nous y amener. Il suffit donc d'avoir une image suffisamment claire et définit de ce que nous voulons. C'est un outil dont les mécanismes sont de vrais leviers de changement pour les personnes qui souhaitent faire évoluer leurs vies. Comprendre ces leviers est une première étape fondamentale dans nos développements personnels. Chaque niveau logique a un rôle clairement défini, de même qu'il organise et dirige les interactions qui se produisent au niveau immédiatement en dessous. Pour agir sur une problématique, il est nécessaire d'intervenir sur le niveau juste au-dessus :

➠ Un environnement défavorable est modifié par un comportement différent. C'est à dire pour changer quelque chose dans son environnement il faut agir au niveau de son comportement.
➠ Un comportement est modifié grâce à de nouveaux apprentissages (capacités).
➠ Un apprentissage est acquis lorsque des croyances sont ajustées ou enrichies.
➠ Des croyances limitantes bougent quand la personne travaille ou redéfinit son identité.
➠ Une identité évolue quand la mission de vie prend une nouvelle direction.

C'est vrai que cela peut sembler compliqué, mais vous allez voir tout va s'éclaircir vis-à-vis de l'utilisation de la pyramide grâce à l'exercice suivant. **Vous pouvez l'adapter à votre problématique.**

# Exercice

IMAGINEZ, que la petite fée va passer chez vous demain en pleine nuit. Avec sa petite baguette magique elle vous donne une puissante boost de confiance en soi. Vous rayonnez de confiance.

Maintenant que vous avez confiance en vous.. Continuez d'imaginer, et demandez-vous, lorsque vous allez vous réveiller :

Qu'est ce qui aura changé : Qu'est ce qui est différent dans mon ENVIRONNEMENT ? (où je suis, à quoi cela ressemble, avec qui je suis..)

Qu'est-ce qui a changé au niveau de mon COMPORTEMENT ? Comment je suis, comment est-ce que j'agis, comment je me comporte ? Qu'est-ce que je fais de différent?

Qu'est-ce qui est différent au niveau de mes CAPACITÉS ? Au niveau de ce dont je suis capable de faire? Qu'est ce qui a changé?

Maintenant, qu'est-ce qui a changé au niveau de mes pensées, de ce que je pense. Qu'est-ce qui a changé au niveau de mes CROYANCES et mes valeurs (ce qui est important pour moi) ?

Qu'est ce qui est différent au niveau de mon IDENTITÉ ? Au niveau de QUI je suis. (ex: un parent, un fumeur(euse), un sportif, une personne indépendante, un timide..)

Et pour aller un peu plus loin si vous le souhaitez, qu'est-ce qui a changé au niveau du sens de votre vie ? De votre mission de vie ? N'hésitez pas à faire cet exercice les yeux fermés, puis de noter par la suite les réponses qui vous viennent.

# ENTRAÎNER SON ESPRIT

# ENTRAÎNER SON ESPRIT

## LA MÉDITATION COMME ENTRAÎNEMENT MENTAL

### L'outil le plus puissant

La méditation reste l'outil de transformation personnelle le plus puissant qui existe selon moi. Mais quand on veut s'y mettre, on peut facilement se sentir perdu et se décourager. Est-ce que ça vaut vraiment le coup d'essayer ? Comment est-ce que ça peut m'aider concrètement ? Quelle méthode de méditation adopter ? Quand pratiquer? Combien de fois par semaine ? Voici mon petit guide de méditation, afin de vous accompagner dans cette pratique tout en douceur. Vous permettre ainsi de cueillir les bienfaits le plus rapidement possible pour vous aider à changer.

## LA MÉDITATION, VALIDÉE PAR LES NEUROSCIENES

Tout d'abord, il est important de comprendre ce que c'est la méditation avant de la pratiquer. La méditation est pratiquée depuis des millénaires,  et fait l'objet d'une explosion des recherches ces dernières années. Désormais, la communauté scientifique valide universellement les nombreux bienfaits de la méditation. Les nouvelles techniques d'imagerie cérébrale comme l'IRM ont permis aux chercheurs du monde entier de montrer les effets exceptionnels de la méditation sur le corps et le cerveau. La pratique de la méditation modifie physiquement le cerveau. Plus précisément, on constate un épaississement de la matière grise dans des zones déterminantes pour l'attention (cortex cingulaire et préfrontal), la régulation interne de nos émotions (insula et amygdale) et la mémoire (hippocampe). Il existe différentes pratiques de méditation, telles que la méditation par le yoga, la méditation Vipassana, Transcendantale, Zazen, de pleine conscience, etc... Cependant, il n'y a pas de bonne ou mauvaise méditation. À chacun de trouver le type qui lui convient.

## COMPRENDRE COMMENT ÇA MARCHE

La méditation est considérée comme un processus d'entraînement mental dont l'objectif est de focaliser et de rediriger les pensées de l'être humain. Cela renforce les parties du cerveau nous permettant de rester dans le moment présent. Et diminue la tendance compulsive à ruminer, à se projeter dans le futur (et à imaginer les pires scénarios) ou à ressasser le passé. Vivre le moment présent, c'est le vivre pleinement. Sans penser au passé, ni au futur. Méditer régulièrement élargit également notre zone de confort émotionnel et nous permet de maintenir un état de calme et de confiance. Ce qu'il faut retenir c'est que la méditation change la relation que nous entretenons avec nos pensées et nous aide à cesser d'être constamment emportées par celles-ci. Elle nous aide à prendre du recul, à créer un espace entre nous, nos pensées et nos émotions pour ne plus s'identifier à elles, se détacher et ainsi devenir libres.

Grâce à une pratique quotidienne, vous pourrez donc davantage profiter du "moment présent", vous pourrez contrôler plus facilement vos pensées et les amener à être plus positives, plus fluides, plus légères. Vous pourrez également relâcher plus facilement les pensées négatives, liées à la peur, l'anxiété, la culpabilité ou encore l'insécurité.. Pour choisir des pensées plus positives, encourageantes et utiles qui vous permettront de vous sentir bien. Vous pourrez peu à peu reprogrammer votre cerveau. Au début, il se peut que vous alliez passer par une période désagréable car votre esprit ne sera pas habitué à lâcher prise et ne sera pas conditionné à relâcher facilement les pensées et à se calmer. Mais continuez et n'abandonnez pas : vous allez réussir à contrôler votre esprit à force d'exercice. Vos efforts seront récompensés!

## D'AUTRES BIENFAITS D'UNE PRATIQUE RÉGULIÈRE

- Diminution du niveau de stress, d'anxiété et des émotions négatives. L'amygdale se rétrécit avec la méditation. (Cette partie du cerveau, associée à la peur, la tristesse et la colère.)
- Diminution de la dépression (des essais cliniques montrent que la méditation est aussi efficace que les médicaments et sans effets secondaires).
- Réduction des tendances compulsives et addictives.
- Réduction des insomnies et augmentation de la sensation de bien-être.
- Augmentation de la confiance en soi et la résilience émotionnelle.
- Augmentation de l'énergie mentale et physique.
- Efficace pour la gestion de la douleur.
- Amélioration de la santé et renforcement du système immunitaire, augmentation de la durée de vie.
- Augmentation de l'intelligence sociale et émotionnelle.
- Développement de l'empathie et de la compassion, amélioration des relations.
- Augmentation de la mémoire, la concentration et de l'attention. Amélioration de la prise de décision.
- Développement de la créativité.

## MYTHE DE LA MÉDITATION

Si vous avez déjà essayé de méditer ne serait-ce que 5 minutes, vous vous êtes peut-être découragé (comme beaucoup d'entre nous) en vous disant « *j'ai trop de pensées, ça ne s'arrête pas, ou ça ne marche pas, ou encore je n'y arrive pas, je ne suis pas capable de méditer, c'est trop dur…* ». À savoir, un des plus grands mythes de la méditation est que nous devons arrêter de penser. C'est totalement **FAUX** ! Voyez vraiment la méditation comme un entraînement du cerveau. Ne la considérez surtout pas comme étant un moyen "d'éteindre" votre esprit ou d'arrêter les pensées, mais comme un moyen de l'entraîner à diriger et focaliser votre attention (comme un entrainement musculaire). Comme pour un entrainement physique, il faut pratiquer pour voir les résultats. Pour la méditation, il s'agit du même principe.

## QUAND MÉDITER

On peut méditer le matin pour commencer la journée dans de meilleures dispositions, le soir ou à midi durant notre pause déjeuner. L'important est de choisir un moment, un endroit et une durée déterminée (par exemple juste avant le petit déjeuner, pendant dix minutes) et d'essayer de s'y tenir. Faites-en une priorité, faites-vous la promesse. Sachez que la transformation vient avec la pratique et la répétition. Il ne vous viendrait, en effet, pas à l'idée de faire une seule leçon d'anglais avec l'idée que vous pourriez maîtriser cette langue aussi rapidement. C'est la même chose avec la méditation et la pensée positive. Pratiquez encore et encore. Généralement on peut commencer à voir des changements au bout de 6 semaines, alors soyez patients.

**1- Trouvez-vous un endroit confortable et calme pour exercer votre méditation.**

L'important est que votre environnement soit calme et apaisant afin de favoriser la prise de conscience du moment présent, de l'association de la relaxation de votre corps ainsi que de votre esprit. Idéalement choisissez le même endroit pour chaque séance, l'environnement servira alors de "déclencheur" pour vous mettre en condition et vous détendre plus rapidement.

**2- Asseyez-vous confortablement.**

Il est primordial que votre posture soit confortable. Vous devez donc trouver une posture qui corresponde à votre corps, une posture confortable avec le dos droit. On peut choisir de s'asseoir sur une chaise, les pieds bien ancrés au sol, en tailleur sur le sol, assis sur un coussin ou bien encore être allongé. Traditionnellement la méditation se fait en position assise, car cela facilite le calme mental tout en évitant l'endormissement. Cependant le corps se relaxe davantage étant allongé, à vous de voir ce qui vous convient le plus. Posez vos mains sur vos genoux ou relâchez les bras le long de votre corps.

Je vous dévoile un petit secret, qui vous aidera à agir, et à éviter la procrastination.. Prenez quelques minutes pour penser à l'intention derrière cette pratique de méditation, réfléchissez à pourquoi vous pratiquez la méditation, ce qu'elle va vous apporter, ce qu'elle peut vous aider à changer et l'impact de ces changements pour les personnes autour de vous. Grâce à ses quelques minutes, vous serez ainsi plus motivé et vous pourrez vous concentrer de façon plus intense et éventuellement atteindre un état de méditation plus profond. L'intention est à la base de toutes les réussites, savoir pourquoi on fait quelque chose. C'est également grâce à ce "pourquoi" que vous aurez la force d'installer une pratique quotidienne, de trouver des solutions au lieu de prétextes et excuses. Vous prendrez le temps et vous dépasserez l'inconfort et la difficulté. C'est tout ce que je vous souhaite, vous allez y arriver.

## LA PRATIQUE

Méditez avec ou sans musique, c'est au choix. Mettez un minuteur pour la durée que vous avez déterminée, 10 minutes par exemple.

**1 - Vous allez commencer par fixer un point devant vous,** (bougie, tâche, coin d'un cadre...) et faire quelques respirations profondes.

**2 - Inspirez.. lentement puis expirez deux fois plus lentement...**
- Sur l'inspiration vous pouvez vous répétez "j'inspire"
- Sur l'expiration vous pouvez vous répétez "Je me laisse aller" ou "Je me détends".
Répétez quelques instants ce cycle... Jusqu'à ce que les yeux se fatiguent ou que les yeux se ferment naturellement, automatiquement.

**3 - Les yeux fermés, reprenez votre respiration naturelle** et focalisez-vous le temps de quelques instants sur la position de votre corps, sur tout ce que vous ressentez. Tous les points de contact entre votre corps et le sol. De la tête, jusqu'aux pieds.

**4 - Maintenant, focalisez votre attention sur les différents sons**

**autour de vous.** Sans jugement, sans réfléchir uniquement prendre conscience des différents sons, les observer.

5 - **Posez ensuite toute votre attention sur le rythme de votre respiration.** Sentez l'air au niveau du bout de vos narines qui entre et qui ressort. Ou si vous préférez, suivez le rythme, la sensation, le mouvement de votre respiration. Quand vous vous sentez prêts, vous allez commencer à compter les inspirations et expirations jusqu'à 10. Comme suit : 1 inspiration, 2 expiration, 3 inspiration, 4 expiration, 5 inspiration etc.. **Tout en vous concentrant sur la sensation choisie.**

6 - **Lorsque votre esprit s'égare,** que vous vous rendez-compte, revenez tout de suite (en douceur) à votre respiration, et si possible au dernier numéro. Revenez soit à la sensation de l'air dans vos narines soit au rythme de votre respiration. Répétez simplement à chaque fois que vous avez été distrait(e)... Revenez encore et encore sur votre respiration, qui vous sert d'ancrage pour votre séance d'entraînement..

→ <u>A SAVOIR</u> - Vous vous rendrez compte qu'il est difficile de rester concentré sur la respiration car des pensées et des idées traversent sans cesse notre esprit, c'est complètement normal. Le flux de nos pensées dépend du jour, de la semaine, de votre état émotionnel etc.

→ <u>IMPORTANT</u> - Lorsque les pensées surgissent, il ne s'agit pas alors de les repousser et d'y réagir, mais simplement de les observer, de vous rendre compte que vous êtes dans vos pensées. Vous pouvez vous féliciter lorsque vous vous en rendez compte - puis vous ramenez votre attention à la sensation de l'air ou le rythme de votre respiration.

### Différencier la méditation et la pleine conscience

La méditation est une pratique, et à travers cette pratique, on peut développer différentes qualités, dont **la pleine conscience**. Soit l'aptitude, la capacité d'être présent dans le moment. On peut dire que la méditation est un moyen de planter les graines de la pleine conscience et de les arroser pour qu'elles poussent tout au long de notre vie. Pratiquer la pleine conscience dans sa journée, c'est donc utiliser cette capacité à revenir au moment présent. C'est ne pas laisser son esprit vagabonder dans le passé, futurs scénarios etc, mais profiter du moment présent et accueillir tout ce qu'il vient avec. Et ce grâce à nos sens qui nous ancrent dans le présent.

Une étude Harvard a révélé que les gens passent 46,9 % de leurs heures éveillés à penser à autre chose que ce qu'ils font sur le moment. C'est-à-dire qu'ils passent presque 50% de leur temps dans un monde à part, déconnecté de ce qui se passe réellement. C'est ainsi que beaucoup de personnes se retrouvent bloqué, bloqué dans leurs habitudes, leurs schémas de pensées et dans leur mal-être.

Plus vous utilisez cette capacité, plus vous revenez au moment présent, plus vous contribuez à arroser les graines. C'est ainsi que vous cultivez davantage la capacité à se détacher de vos pensées et vos programmes intérieurs automatiques pour revenir au présent, et vivre pleinement chaque moment.

# Comment pratiquer la pleine conscience

On peut pratiquer la pleine conscience en mangeant, en marchant, durant toutes les activités du quotidien, il n'y a pas de limite. La pleine conscience consiste vraiment à prêter attention à nos pensées, à nos émotions et à nos sensations corporelles, sans les qualifier de « bonnes » ou « mauvaises ». On devient observateur. La technique des 5 sens est simple et efficace, posez vous simplement la question : Qu'est-ce que je ressens / sens / entend / voit / goûte. Focalisez-vous sur un sens à la fois. Par exemple, lorsque vous vous brossez les dents, vous remarquerez peut-être :

Le goût du dentifrice, l'odeur de la pâte, les sensations de fraîcheur, la façon dont la brosse à dents se déplace sur vos dents et vos gencives, le bruit du brossage dans votre bouche. Votre reflet dans le miroir de la salle de bain et l'éclairage de la salle de bain. La sensation de picotement de la pâte sur vos gencives. La sensation de votre main qui tient fermement la brosse à dent...

Lorsque vous vous réveillez le matin, vous remarquerez peut-être :
Le soleil, les nuages, les arbres et la pelouse, les couleurs, les nuances... Le bruit des oiseaux, de la circulation lointaine. La sensation de l'air frais qui entre par la fenêtre, les draps confortables qui vous recouvrent...

Il vous suffit de poser l'intention d'être présent, puis décider à quel moment de la journée vous allez commencer à intégrer la pratique. L'exemple du brossage de dents, est un premier pas idéal qui vous pourrez commencer dès aujourd'hui.

# SE LIBÉRER DU STRESS

# LE STRESS

### Le système nerveux autonome

Pour comprendre comment le stress est déclenché et comment il affecte notre corps, il nous est utile de s'intéresser au système nerveux autonome. Le système nerveux autonome correspond simplement à la partie du système nerveux qui régule certaines fonctions automatiques de notre organisme (digestion, rythme cardiaque, transpiration...). Son but est de maintenir l'homéostasie (un équilibre) interne de l'organisme. Le système nerveux autonome est compris de deux systèmes principales :

1 : Le système nerveux sympathique = [L'accélérateur]
2 : Le système nerveux parasympathique = [Le frein]

## LE SYSTÈME NERVEUX SYMPATHIQUE = [L'ACCÉLÉRATEUR]

Le stress est un état primitif que nous ressentons tous. À travers l'évolution de l'homme, le rôle principal de notre esprit a toujours été de nous protéger et de nous garder en vie. Le stress intervient lorsque notre cerveau interprète une situation de vulnérabilité ou une menace. C'est le cerveau reptilien, le plus réactif, qui lance la machine. Il sonne l'alerte et notre système nerveux sympathique est alors déclenché créant des réactions physiologiques immédiates, telles que l'augmentation du rythme cardiaque, la montée d'adrénaline et la libération d'hormones. Nous pouvons comparer celui-ci à un accélérateur. Tout cela pour assurer que l'on puisse réagir à la situation, et nous permettre de se "battre" ou se "cacher" (fight/flight/freeze). Durant l'ère préhistorique, ce système de réaction nous aidait à échapper aux prédateurs (ex : poursuite d'un tigre) ou à nous sortir de situations dangereuses. Cependant, nous ne sommes plus du tout dans le même type de situations aujourd'hui. Notre système nerveux reste pourtant le même. Lorsque la réaction persiste au-delà du temps nécessaire pour « fuir le tigre, se battre ou se cacher », les mécanismes de ce système de réaction et de l'effet d'accélérateur donnent lieu à des malaises physiques et psychologiques. Ce sont en fait les symptômes du stress.

Pour beaucoup d'entre nous, l'esprit peut alors déclencher constamment "l'accélérateur", et nous faisons face aux symptômes du stress au quotidien. Le problème est que le cerveau reptilien déforme la réalité en produisant d'après certaines études, 70 % de pensées inadaptées par rapport à la situation à laquelle nous sommes confrontés. L'esprit ne sait donc pas faire la différence entre un tigre en train d'approcher (danger réel sur notre vie), et un conjoint énervé, une prise de parole, un embouteillage particulièrement épique ou même juste une représentation mentale que l'on a créé soi même (s'imaginer arriver en retard, s'imaginer entrer en conflit...).

Quand notre cerveau perçoit une menace quelconque, le système nerveux déclenche le même système de réaction de stress même s'il n'y a pas de "réel danger" immédiat. Ce mécanisme, peut ainsi nous faire perdre le contrôle et nous empêcher d'agir rationnellement, le cortex, siège de l'intelligence supérieure ne pouvant fonctionner.

La réponse parasympathique est responsable du contrôle de l'homéostasie, de l'équilibre et l'entretien des systèmes du corps. Il rétablit le corps à un état de calme, et lui permet de se détendre et de se réparer. La respiration est stable, le cœur ralentit, la tension artérielle diminue, le système immunitaire redémarre etc. Nous ne pouvons pas être dans ses 2 états en même temps, alors si nous voulons gérer notre stress, nous pouvons décider d'agir et de mettre en place des techniques et astuces pour aider notre corps à passer d'un état à l'autre, plus facilement, plus rapidement, et plus efficacement.

### Comment activer son système nerveux parasympathique

Comme le système parasympathique agit tel un frein et permet de se calmer, de se relaxer, de récupérer et de se régénérer, en agissant dessus vous pouvez vous-même l'activer. La respiration est une des façons les plus efficaces et certainement la plus simple à mettre en œuvre pour stimuler le système parasympathique.

Lorsque vous respirez vous agissez directement sur votre système parasympathique. Il existe différentes types d'exercices de respiration, tel que la cohérence cardiaque, la respiration resserrée, la respiration « ha » (tradition hawaïenne). La plus simple... Simplement RESPIREZ, ne vous prenez pas la tête, trouver un environnement calme , fermer les yeux, inspirez, bloquez quelques secondes et expirez tranquillement deux fois plus lentement. Avec le stress nous avons tendance à bloquer notre respiration, hors juste le fait de devenir conscient de chaque respiration pendant quelques minutes va vous permettre de vous détendre et d'agir sur votre système nerveux parasympathique pour retrouver l'équilibre. Respirez avec l'intention de maximiser, agrandir, augmenter le plaisir de chaque étape de la respiration. C'est à dire, vous inspirez, bloquez, expirez et bloquez à votre rythme. Un rythme qui vous est agréable. Cela peut être différent à chaque cycle. J'ai personnellement trouvé que cet exercice de respiration permet de réellement se détendre à son propre rythme, sans inquiétude de mal faire, simplement en étant à l'écoute de son corps. Voici d'autres moyens simples pour activer "le frein" :

- Passer du temps en nature. Pratiquer la pleine conscience et utiliser ces 5 sens pour absorber l'environnement.
- Faire de l'exercice. L'activité physique est l'un des moyens les plus efficaces pour stimuler le système nerveux parasympathique. Il n'y a qu'à penser au bien-être ressenti après une bonne séance de course ou de natation pour comprendre l'effet apaisant des hormones du bien-être qui sont libérées.
- Pratiquer une méditation orientée relaxation corporelle.
- Pratiquer le yoga en pleine conscience.
- Chanter, parler, rire et fredonner. La stimulation des cordes vocales a été démontrée comme efficace pour stimuler le nerf vague (principale voie de communication du SNP).
- Masser l'oreille (remplie de terminaisons nerveuses, et directement connecté au nerf vague).
- Masser différents point du visage.
- Secouer le corps, les bras, les jambes etc.
- Faire des câlins ; Lors des câlins, le corps humain sécrète plusieurs types d'hormones : du plaisir, du bonheur et du bien-être mais aussi des antistress naturels à effet sédatif.

*À vous de découvrir ce qui vous parle et correspond le plus.*

# LIBÉRATION ÉMOTIONNELLE

# LIBÉRATION ÉMOTIONNELLE

## SE LIBÉRER D'ÉMOTIONS ENGRAMMÉES

### Guérir de son passé pour agir sur le présent

Lors de votre introspection, vous avez peut-être pu mettre le doigt sur des blocages, des émotions fortes encore actives, ou bien des traumas qui sont la ou les sources de vos difficultés du présent.

- *Vous avez des pensées récurrentes et émotions fortes vis à vis d'une personne ou situation du passé ?* Qu'il s'agisse d'une rupture amoureuse, d'un accident, de la perte d'un proche, d'un sentiment ou une émotion qui revient souvent (colère, tristesse, rejet etc.) Peut-être avez-vous des images de scènes qui vous reviennent fréquemment, des paroles particulières qui vous ont été dites, ou encore des sujets de discussion que vous souhaitez toujours éviter...

- *Une partie de vous ne veut plus vous sentir comme ça, mais vous avez l'impression que c'est hors de votre volonté, que c'est automatique ?* Comprendre ses émotions et ses besoins ne suffit plus, il est nécessaire de vous libérer des émotions encore actives.

Dans ce prochain exercice je vais vous guider dans votre libération émotionnelle, afin de vous aider à libérer les émotions fortes "négatives*" qui sont restés engrammées. Comme je vous ai déjà dévoilé plus tôt dans ce livre, les émotions fortes que vous avez ressentis lors de vos expériences passées ont pu sur le moment rester bloqué. Lorsque c'est le cas, et qu'elles n'ont pas été correctement digérées sur le moment, les émotions du passé restent actives et s'imposent à nous dans le présent. Ils sont donc à l'origine de toute problématique, qu'il s'agit de dépression, d'anxiété, blocages, d'un manque de confiance, d'un mal-être, d'un excès de colère, de phobies, d'addictions etc... Ces problématiques sont en réalité les "symptômes" d'un blocage intérieur émotionnelle et/ou de croyances limitantes erronées. D'où la puissance d'effectuer ce travail en parallèle avec un travail sur vos pensées et croyances limitantes.

*En réalité, il n'y a pas "d'émotions négatives" en soi, car leur rôle est de nous communiquer un message vis à vis d'une situation (revoir le chapitre sur les émotions si nécessaire), afin de nous aider à répondre davantage à nos besoins. Cependant, j'utilise ce terme lorsque ces émotions fortes désagréables restent bloquées, elles peuvent être handicapantes au quotidien. Et il nous est parfois plus facile de les repérer en les associant au négatif. Pour certains, en grandissant nous n'avons pas eu l'impression de pouvoir ressentir pleinement nos émotions. Lorsque un parent ou proche a constamment invalidé nos émotions avec des phrases type "cesse de pleurer", "ce n'est pas grave, tu n'as rien", "tu t'énerves pour rien, arrête", "il ne faut pas s'énerver", "tu en fais trop"... On apprends alors a les réprimer en nous, les repousser, même les éviter.

Alors, calme, détendu, sans jugement.. Posez-vous la question qu'est-ce que je fuis ? Qu'est-ce que j'évite de ressentir pleinement ? Et laisser les pensées et émotions couler en vous. Si vous n'avez pas encore mis le doigt sur ce dont vous pensez devoir travailler, les questions suivantes vont également vous aider et vous guider.

- **Combien de périodes difficiles ai-je connu dans ma vie ?** Tirez un long trait horizontale pour représenter votre ligne de vie, (naissance au jour même) puis placez vos périodes difficiles sur la feuille.

Exemple : De 3 à 7 ans 1 période, puis de 7 à 18 ans, ensuite de 25 à 26 ans, de 30 au moment présent. (Peut-être qu'une période a duré 1 mois, peut-être 2 ans ou 5 ans, peut-être êtes-vous actuellement dans une période difficile. Il n'y a pas de bonne ou mauvaise réponse. Faites comme vous le sentez, il faut simplement que cela vous parle, ne vous prenez pas la tête.)

- **Nommez chaque période avec un mot qui représente celle-ci de manière globale.** (Qu'est-ce qui est venu directement à l'esprit ?) N'y réfléchissez pas trop. C'est uniquement pour vous permettre d'éclaircir les choses - Ex : Abandon, solitude, douleur, noir...

Naissance        *Rejet*       Solitude       *Perte*       Blocages       Aujourd'hui

3 à 7 ans       7 à 18 ans       25 à 26 ans       30 ans à maintenant

- **Ensuite, fermez les yeux et revenez à chaque période.** Comment vous sentez vous ? Ressentez-vous des émotions fortes désagréables ? Quelles images ou scènes vous viennent naturellement à l'esprit ? Quelles personnes, ou situations vous viennent à l'esprit ? Comme dans un aquarium à poisson, tout ce qui a besoin d'être nettoyé remonte à la surface, il en va souvent de même pour ce qui n'a pas été digéré. Dans un état de conscience modifié, ces images peuvent remonter à la surface assez facilement. Je vous conseille de commencer par la période qui naturellement vous ramène le plus d'émotions négatives et/ou d'images. Vous n'avez pas besoin de forcer, laissez-vous porter par ce qui vous vient, les images, les sons et sensations.
Il faut être honnête, affronter le mal du passé n'est pas facile, ni agréable. Mais sachez que les sensations et émotions que vous allez peut-être ressentir ne sont que temporaire. Il n'y a pas de risque, le seul risque est le changement et la libération. Alors

demandez-vous si vous voulez vraiment changer, si vous voulez vraiment avancer et laisser le passé derrière vous ? Si vous ne vous sentez pas prêt, c'est ok. Il y a un temps pour tout. Chaque chose en son temps. Faites ce qu'il y a de mieux pour vous et surtout soyez à l'écoute de vous-même, car vous seul(e) savez ce qui est mieux pour vous, ce dont vous avez besoin en ce moment même.

## Comprendre ce qu'est le transfert

Un transfert, c'est la projection inconsciente des blessures du passé dans le présent, sur une personne ou une situation. C'est donc une autre façon de repérer ce dont vous avez besoin de vous libérer. Un transfert se manifeste lorsque vous êtes déclenché émotionnellement par quelqu'un pour qui vous n'avez pas d'amour ou d'attachement. (Voisin, collègue, inconnu...) Ou bien vous êtes déclenché émotionnellement de façon répétitive et identique par une situation aléatoire. Si l'émotion est forte, qu'elle dure, que vous restez en boucle sur la personne ou la situation. Il s'agit très probablement d'un transfert.

Exemple de cas : Théo 40 ans, consulte pour un excès de stress et de colère au quotidien. En poste depuis 3 mois, il identifie son nouveau supérieur comme son "ennemi", et il ne le "supporte pas". Dans sa dernière entreprise, son collègue avec qui il travaillait en binôme était également pour lui "son ennemi". En répondant aux questions suivantes, il réalise rapidement que les deux hommes lui rappellent son frère. Il s'agit alors d'un transfert de ses blessures du passé avec son frère. Son frère est très dure, froid, direct et moqueur tout comme ses collègues. En grandissant Théo a grandement souffert des moqueries constantes et la dureté de son frère. Des émotions encore actives sont enfouis dans ses expériences du passé avec lui.

Pour identifier un transfert, posez-vous les questions suivantes :
Qu'est-ce qui vous dérange chez cette personne ? De qui cette personne vous rappelle-t-elle ? Et, quels traits lui ressemblent ? Quand est-ce que vous vous êtes déjà sentis comme ça dans le passé ? Qu'est-ce que vous ressentez plus précisément ? Quelles images vous viennent à l'esprit ?

## PRÉPARER SA SÉANCE DE LIBÉRATION ÉMOTIONNELLE

Fixez-vous un temps pour effectuer ce prochain exercice. Idéalement essayez de vous fixer environ une heure. Il est important de noter que cet exercice de libération émotionnelle demande de l'attention et une concentration sur les images du passé. De manière générale au quotidien, resasser le passé ne vous avance en rien, lorsque vous êtes dans le jugement et que inconsciemment vous ne vous autorisez pas à ressentir pleinement les émotions, cela ne fait que alimenter le blocage et renforcer les schémas de pensées négatives dans le cerveau. Ici, le travail est fait avec intention et pour une durée limitée. Suite à la pratique de cet exercice, il est possible que vous ressentiez des émotions apparaître pendant quelques jours. Il se peut aussi que d'autres images se révèlent (ou pas - chaque personne et donc chaque cerveau est différent). Sachez que c'est temporaire, et normal. Le corps et l'esprit effectuent un travail en profondeur. Si vous avez d'autres images qui surviennent et persistent au-delà de quelques semaines, c'est le signe que vous avez révélé de nouvelles pistes à dévoiler et libérer. (Vous procèderez alors de la même manière.)

-Installez-vous dans un endroit calme, où vous ne serez pas dérangé. L'exercice se pratique assis ou allongé, ce qui vous permettra de vous relaxer le plus.

- Mettez une musique de méditation relaxante. Je vous conseille fortement les musiques types "battements binauraux", (binaural beats méditation) ou bien une musique "EMDR". Ces sons vont aider votre cerveau à diminuer son activité cérébrale et ainsi accéder à un état de conscience modifié d'hypnose/méditation. De plus, l'écoute de ce genre de musique est reconnu pour stimuler la capacité naturelle du corps à "retraiter" les informations et souvenirs du passé, afin de les digérer dans le présent.

- Créez une ambiance relaxante dans laquelle vous vous sentez en sécurité, essayez des bougies, de l'encens, des huiles essentielles...

## L'exercice

Lors des questions précédentes, vous avez du repérer dans une période de votre vie, un moment particulier qui vous déclenche et ramène naturellement des images plus ou moins claires et des émotions / sensations plus ou moins fortes.

1 - Choisissez une seule scène pour commencer. Idéalement la plus forte. Fermez les yeux et évaluez entre 0 et 10 le niveau d'émotion, c'est à dire le niveau d'intensité de ce que vous ressentez dans votre corps lorsque vous vous focalisez quelques secondes sur cette image.
0 étant faible et 10 forte.
Notez votre réponse (étape importante).

Exemples de cas :

Héléna 26 ans : Sentiment de tristesse persistante.
Période difficile de 18 à 22 ans. Son père est décédé. Lorsqu'elle repense à cette période, elle a naturellement des images des derniers instants passés avec lui à l'hôpital et l'émotion monte directement. Elle choisit donc cette image comme point de départ.

Solène 39 ans :  Phobie d'araignée depuis l'enfance.
Souvenir le plus tôt où elle a ressenti une vrai peur des araignées était à l'âge de 6 ans. Une image claire lui revient dans le jardin de ses grand parents. Elle choisit cette image comme point de départ.

Luc 31 ans : Anxiété chronique depuis 5 ans.
Période difficile de 29 ans à aujourd'hui. Accident de voiture, suivi d'une séparation. Lorsqu'il repense à cette période naturellement son esprit le ramène au moment de son accident de voiture. Il a encore l'image très claire et toutes les émotions apparaissent rapidement. Il choisit ce moment comme point de départ.

Thomas 24 ans : Dépression.
Période difficile enfance de 4 à 12 ans. Parents abusifs. Lorsqu'il repense à cette période, il n'a peu de souvenirs (mécanisme de protection du cerveau). Mais lorsqu'il pense à son père, des émotions émergent rapidement. Il choisit de se concentrer sur une émotion, la colère et de laisser les images venir à lui.

Léa 19 ans : Addiction au cannabis et à l'alcool
Une longue période difficile de 0 à 19 ans, abandon de sa mère à la naissance. En famille d'accueil, difficultés scolaires, un excès de colère au quotidien. Elle choisit de se concentrer sur son sentiment de rejet et laisse les images et autres émotions émerger.

**1- Mise en condition :** Fermez les yeux, détendez-vous. Si vous avez l'habitude de méditer, pratiquez une petite méditation (5 min) pour vous recentrer et vous relaxer. Ou bien essayez une méditation guidée.

**2- Début de l'exercice :** Focalisez-vous sur l'image ou (à défaut l'émotion) choisis précédemment (la plus forte, celle qui vous ramène le plus d'émotions et/ou de sensations dans le corps).

**3 - Concentrez-vous uniquement sur cette image.** L'objectif est vraiment de vous concentrer le plus longtemps possible sur cette image. Le deuxième objectif est de vous autoriser à ressentir pleinement toutes les émotions, et sensations physiques qui peuvent apparaître. (Colère, culpabilité, tristesse, peur etc.) **Sans réfléchir, sans juger.** Seulement observer les sensations dans votre corps. (pression, tension, chaleur, picotements etc.) Cela peut aider de vous répéter les affirmations suivantes durant la pratique :

*Je reste connecté à l'image de X, je reviens à l'image de X, je m'autorise à ressentir pleinement les sensations qui apparaissent, j'observe ce que je ressens sans jugement.*

**4 -** Si votre esprit s'écarte, revenez encore et encore à l'image (et/ou l'émotion). Connectez-vous à celle-ci, et essayez de la garder jusqu'à ce que elle devient flou ou s'efface et devient trop difficile à garder. En fin de compte vous essayez de la garder jusqu'à ce qu'elle ne soit plus chargée en émotion. C'est à dire jusqu'à ce que l'intensité de ce que vous ressentez est à 0. (Qu'elle ne vous affecte plus).

Si d'autres images vous viennent autour du même scène, vous pouvez laisser votre esprit vous guider. L'important est de ne pas vous inquiéter de vous "tromper". Votre esprit et votre corps savent comment faire, il suffit d'apporter votre attention, votre énergie sur ces moments où les émotions sont encore "actives", de vous concentrer et observer ce que vous ressentez dans le corps. Je me répète, autorisez-vous à ressentir pleinement toutes les émotions et sensations qui peuvent apparaitre. Votre corps et votre esprit feront le reste, **vous n'avez rien d'autre à faire**. Alors, ayez confiance en l'intelligence de votre corps et votre esprit.

Relisez ces étapes plusieurs fois avant de commencer afin de pouvoir être pleinement dans la pratique de l'exercice. Il peut paraître simple, mais il n'est pas forcément facile. Il demande de l'attention et de la concentration, et pour cela il faut que vous soyez un minimum discipliné avec vous-même. Une fois que vous avez déchargé naturellement l'émotion, que l'intensité de ce que vous ressentez à complètement diminué. Vous pouvez choisir une autre image et ainsi de suite. Il n'y a pas de temps fixe, cela peut prendre 5 minutes ou 1h30, cela varie. Restez focalisé, et ne pensez pas au temps qui passe si vous pouvez, prenez le temps qu'il vous faut. Dites-vous que parfois lorsque nous avons trop d'attentes, cela peut aussi nous bloquer et nous empêcher de lâcher prise. Alors, posez votre intention de vous libérez émotionnellement mais laissez vraiment les choses se faire naturellement, sans attente. Cela se fera ou non, de la manière dont votre esprit et corps voudront. Chaque pratique de cet exercice peut se dérouler différemment. Parfois nous restons simplement concentré sur une image, l'intensité diminue rapidement. Parfois une image peut mener à une autre, puis a une autre, et les émotions peuvent couler en abondance. Gardez en tête le principal : **rester connecté aux images et ressentir pleinement les émotions qui émergent.**

Voici 4 autres manières de vous libérer émotionnellement :

- Marchez en nature, pensez à ce qui vous pèse et laisser vos émotions émerger (exercice similaire à la précédente mais effectué en mouvement - en marche).

- Écrivez dans votre journal. Rentrez en dialogue avec vous-même, c'est à dire vous autoriser à être honnête sur ce qui ne va pas et trouver un accord avec vous-même. Suivez les 5 étapes de la réconciliation personnelle (Lisa Nicols : auteur et conférencière) :

> **Je comprends** (ce que tu ressens / ce que tu penses / ce que tu fais / ce que tu as fait / pourquoi etc.)
> **C'est ok**
> **Tu as fait de ton mieux**
> **Je te pardonne**
> **Je t'aime, je suis là pour toi** (et je t'aimerais toujours peu importe ce que tu fais ou ne fais pas, dis ou ne dis pas + chaque jour est l'occasion de grandir)

+ Demandez-vous ce que vous aimeriez entendre ? Qu'est-ce que vous aimeriez que l'on vous dise ? (ex: que vous avez fait assez, que vous êtes assez, que vous êtes une belle personne, que vous méritez l'amour, le respect etc...) Et répétez-vous ces phrases.

- Exprimez vos émotions à travers l'art, le dessin, le mouvement, la danse, le théâtre etc...

- Consultez un professionnel de thérapie holistique, afin d'être guidé dans votre démarche de libération : EMDR, EFT, REIKI, ACUPONCTURE....

# AMÉLIORER SES RELATIONS

# AMÉLIORER SES RELATIONS

## DÉVELOPPER ET ENTRETENIR DES RELATIONS SAINES

Chaque être humain possède le besoin et le désir profond de se sentir vu, entendu, respecté, valorisé, soutenu, apprécié, accepté et aimé. D'avoir la possibilité d'exprimer ses émotions, ses besoins et de pouvoir se montrer de façon authentique, sans jugement.

## LA COMMUNICATION NON VIOLENTE - CNV

Chaque individu est unique, car il possède ses propres "filtres", sa propre « carte du monde » différente des autres. Il dispose d'une manière bien particulière de percevoir et de se représenter la « réalité ». Chacun perçoit et agit en fonction de ses "filtres", c'est à dire ses expériences passés, ses traumas et blessures, ses croyances, ses pensées, et émotions. Entre ce que je ressens, ce que je pense, ce que j'ai vécu, ce que je veux dire, ce que je crois dire, ce que je dis vraiment, ce que vous avez envie d'entendre, ce que vous entendez, ce que vous comprenez, ce que vous avez vécu, ce que vous interprétez... Il existe beaucoup de chance de mal se comprendre. Beaucoup de tensions et conflits naissent d'une mauvaise communication. Afin d'améliorer nos relations, de développer et entretenir des relations saines, c'est à nous de changer notre manière de communiquer. Plutôt que de s'engager dans une discussion négative, qui ne mène a aucune prise de conscience et donc a aucun changement. La méthode de CNV vise à établir une communication sereine, humaine, bienveillante et respectueuse. Plutôt que de chercher qui a tort, qui a raison, à alimenter les reproches, et d'être constamment dans le jugement de l'autre. La CNV est fondée sur l'observation des faits, l'écoute de ce que nous ressentons, nos besoins personnels et notre capacité à les formuler pour entretenir des relations saines et épanouissants. C'est un outil presque magique qui permet de ramener de la fluidité et de l'harmonie dans nos échanges du quotidien. Elle se déroule en 4 étapes : Observation, sentiment, besoin et demande.

**1 - OBSERVER :** Énoncer les faits sans les juger.

*Exemples : Quand je vois... ou quand j'entends, quand je t'ai entendu dire que...*

**2 - SENTIMENT / ÉMOTION :** Exprimer ce que je ressens face à la situation, (mon émotion est verbalisé).

*Exemples : Je me suis senti(e) en colère, je me sens triste, pas valorisé(e), pas apprécié(e)...*

**3 - BESOIN :** Exprimer mon besoin, je le décris.

*Exemples : Parce que j'ai besoin de sécurité, de savoir que X, de me sentir X, j'ai besoin de temps pour moi...*

**4 - DEMANDE / LIMITE :** Exprimer une demande, sans exiger. Ce que vous voulez par rapport à la situation donnée, de manière précise, réalisable et constructible. (Je te demande "une action" (qui remplit mon besoin)

*Exemples : Je te demande de respecter mon intimité, de ne pas regarder mon téléphone, de me prévenir lorsque tu auras du retard, de ne pas parler de mes parents de manière négative, de ne pas hausser le ton lorsque nous sommes en désaccord...*

Il est important de parler uniquement (ou majoritairement du moins) de soi, à la première personne avec le 'Je". Ne pas accuser, ni pointer du doigt l'autre, mais se focaliser sur soi-même, sur son propre expérience intérieure.

*Exemples : Quand tu regardes mon téléphone pour regarder à qui je parle (observation), **je** me sens en colère et triste (émotion) parce que **j'ai** besoin que tu me fasses confiance (besoin). C'est important la confiance pour moi dans une relation. **Je** te demande de ne pas regarder mon téléphone, et de me parler si tu as des inquiétudes. (demande)*

*Quand tu parles de mon poids (observation), **je** me sens dévalorisé, et triste (émotion). **J'ai** besoin de me sentir soutenu vis à vis de cela, car c'est un sujet sensible pour moi (besoin). **Je** te demandes de ne plus faire de commentaires sur mon poids (demande).*

Lorsque nous sommes dans le jugement, et utilisons le "TU" : "tu as fait ça, tu ne fais **jamais / toujours** X, tu es si X, pourquoi tu X... Généralement la personne va très rapidement se sentir accusé, elle se mettra sur la défensive et va très probablement se braquer. La réalité est que l'emploie du "TU" (orienté vers le reproche - conscient ou non), *tue* les relations. Car derrière le reproche se cache un jugement sur l'identité de l'autre et l'envie de le/la changer. On fait passer le message que nous n'acceptons pas la personne ou son expérience personnelle pour ce qu'elle est. Passer du "TU" accusateur au "JE", permet alors d'exprimer ses propres ressentis, interprétations, besoins et limites sans dépasser cette barrière imaginaire, et enfreindre l'espace identitaire de l'autre. Chacun prend alors sa part de responsabilité dans la relation, ce qui rend l'échange plus constructif. Je suis responsable de ce que je dis, j'exprime, je fais ; et l'autre de la même manière.

Vous le savez, on ne peut pas changer les autres, ni changer leur manière d'être ou de réagir. Toutefois, notre pouvoir réside dans le fait d'être claire avec nous-mêmes sur nos émotions et besoins afin de décider de **ce qui est acceptable ou non pour nous, et pouvoir le formuler clairement à l'autre**. C'est ce que l'on peut appeler poser ses limites. L'étape de "demande" de la CNV est une limite, car elle inclus une action, et/ou une conséquence de l'éventuel non-respect de la limite.. Contrairement à ce que l'on peut croire, nous pouvons tout à fait poser des limites avec respect, et gentillesse. *Exemples de limites : Si tu ne peux pas respecter ce que je te demandes, j'aurais besoin d'espace. Si tu continues à me mettre la pression comme ça, je vais devoir mettre fin à la conversation. Je comprends que tu sois en colère, mais si tu continues de hausser le ton, je vais partir.*

Poser ses limites, c'est une composante essentielle de l'estime de soi. C'est avant tout, se respecter. Cela permet également d'intégrer du **respect mutuel** dans une relation et de permettre à chacun d'être fidèle à ses valeurs, ses besoins et finalement, pouvoir être pleinement soi-même. Car rechercher à tout prix à plaire aux autres et par défaut mettre de côté ces propres besoins (qu'il s'agit de dire oui pour faire plaisir, ou accepter des comportements qui nous font nous sentir mal), c'est une impasse qui nous éloigne de nous-même. Sans limites personnelles, notre estime de soi se dégrade petit à petit et mène très rapidement à un mal-être interne conduisant à l'apparition d'émotions négatives (la rancœur, colère, frustration, déception...). Si ces émotions et "messages" sont ignorés elles donnent lieu à des symptômes physiques, des signaux cachés, encodés du corps dont le but est de nous avertir que quelque chose ne va pas. Ex : anxiété, excès de colère, des peurs, des douleurs, la maladie etc. Il ne faut donc pas sous-estimer l'importance de communiquer ses émotions, besoins et désirs puis de poser des limites lorsque c'est nécessaire. Pour rappel : il ne s'agit pas d'imposer une règle, ou donner un ordre. Il s'agit d'exprimer nos ressentis, nos besoins, nos valeurs. Cela commence donc par définir ce qui nous est possible / pas possible, et/ou acceptable / inacceptable. Puis informer l'autre des conséquences en cas de "violation" de nos limites fixées, et évidemment appliquer ce que nous avons annoncé. Même si cela est inconfortable, ou difficile. Libre à l'autre ensuite de faire ce qu'il veut avec ces informations.

Finalement, les limites indiquent aux personnes comment vous acceptez d'être traité. Et vous n'avez pas besoin de vous en excuser, ni vous justifier. Les personnes émotionnellement saines respecteront et comprendront vos limites. Certes une grande partie de nous pouvons nous sentir coupables, c'est ok ! Cela est dû à notre conditionnement d'enfance, de devoir trahir nos propres besoins pour satisfaire autrui afin de se sentir accepté, aimé. Mais il est temps de sortir de ce cycle d'auto trahison, et de vous respecter, vous aimer. S'autoriser à ressentir et accepter cette culpabilité, mais se rappeler que ce n'est qu'un ancien programme erroné.

Vous méritez de pouvoir être pleinement vous-même, d'être authentique. Ce que vous pensez, ressentez, et ce dont vous avez besoin est important !

# EXERCICE

Voici 4 questions à vous poser pour déterminer vos limites dans une relation amoureuse, amicale ou professionnelle.

1 - Comment je me sens vis à vis de cette personne ? Quelles émotions apparaissent souvent ? Dans quelles situations ? (La rancœur et la frustration sont des guides qui orientent souvent vers un manque de limites.)

2 - Quelles valeurs et besoins sont essentielles pour moi dans cette relation ? (Confiance, respect, loyauté, soutien, honnêteté, espace, affection, indépendance...) De quoi ai-je besoin ?

3- Plus précisément, qu'est ce qui m'est possible / pas possible, acceptable / inacceptable dans cette relation ?

*Exemples : Je ne peux pas répondre instantanément aux messages - Je répondrais quand je pourrais.*

*Hausser le ton de cette manière, et enfreindre mon espace personnelle est inacceptable - Si cela continue, je partirais.*

*Emprunter mes affaires et ne pas les rendre est inacceptable - Je ne lui prêterais plus mes affaires.*

*Débarquer chez moi sans me prévenir est inacceptable - Si cela continue, je ne répondrais plus.*

4 - Comment puis-je formuler clairement et respectueusement cette limite ?

# LES
# LIMITES

## CE QU'ELLES SONT :

- Des standards pour vous-même. L'expression de ce qui est possible / pas possible, acceptable / inacceptable.

- Le chemin à prendre pour vivre et être en accord avec vous-même (vos émotions, besoins et désirs).

- Une manière de vous protéger des relations toxiques.

- Un guide, que vous expliquez.

- Une aide pour savoir quand la relation ne vous convient pas/plus.

- Evolutives, elles changent en même temps que vous.

## CE QU'ELLES NE SONT PAS :

- Des "ordres" ou "règles" que vous imposez aux autres.

- Des ultimatums données dans le but de manipuler une personne.

- Un mur qui empêche d'être en relation.

- Une aide pour réparer l'autre.

- Identiques toute votre vie.

*D'autres exemples de limites : "Merci d'avoir demandé, mais je ne souhaite pas en parler pour l'instant." "Me mentir n'est pas acceptable. J'ai besoin d'être avec quelq'un qui me respecte. Si tu continues de me mentir à ce sujet je ne pourrais plus rester dans cette relation." "Si tu utilises ma voiture, je souhaites que tu me rembourses une partie des frais. Sinon je ne peux plus te laisser l'utiliser." "Merci pour l'invitation, je ne pourrais pas venir."*

Nos expériences sont toutes uniques, certes elles peuvent se ressembler. Mais on ne sait jamais réellement ce que l'autre a pu vivre, ou ressentir. Chaque individu cherche à se sentir écouté et compris. Dans nos moments de vulnérabilité, si la personne face à nous compare directement notre expérience par exemple, ou nous dit ce que l'on devrait faire, cela peut mener une frustration, un sentiment d'être incompris et l'impression que sa propre expérience individuelle n'est pas reconnu pour ce qu'elle est.. De plus, on ne peut pas savoir ce qui est le mieux pour une autre personne, ce dont elle a réellement besoin. Pour cette raison, il ne nous appartient pas de dire à autrui ce qu'elle doit ou devrait penser, ressentir, ou faire... Mis à part si notre opinion est sollicité.

On est persuadés de savoir écouter, et pourtant nous sommes parfois tellement dans notre propre tête, à être dans l'anticipation de ce que l'on va répondre, inconsciemment à chercher à répondre à nos propres besoins ; d'être vu, entendu, reconnu, valorisé que nous ne sommes pas pleinement présent avec les autres. En fait, nous n'écoutons pas vraiment. Alors, si nous voulons améliorer nos relations et faire en sorte que la personne reparte de la discussion avec une sensation de mieux-être, nous devons "écouter" autrement. La base de l'écoute active est de simplement chercher à écouter pour comprendre et non pas pour répondre et d'écouter sans apporter de jugement. Si la notion de jugement ne vous est pas forcément claire, il s'agit de "juger" quelque chose de positif ou négatif, bien ou mal et donc y attacher des significations souvent erronés, fabriqués. Ne pas juger, c'est simplement accepter les choses pour ce qu'elles sont, sans vouloir les catégoriser, ni les changer.

- **Ne donne pas ton avis,** ton opinion sans l'accord de la personne. Nous pouvons alors demander : Est- ce que tu souhaites que je te donnes mon avis sur la situation ou as-tu simplement besoin d'un espace libre pour te confier ?

- **Ne cherche pas à éduquer :** "Cette situation va te faire grandir".

- **Ne cherche pas à analyser :** "Tu as beaucoup souffert avec ton ex, ça doit venir de ça".

- **Ne cherche pas à remettre en question ou à bloquer son ressenti :** "Tu ne devrais pas te sentir comme ça" ou "ressaisis toi..."

- **Ne cherche pas à parler des autres :** "Alice a vécu la même chose, elle a X... As-tu pensé à ce que les autres vivent ?"

- **Ne cherche pas à conseiller :** "Tu devrais faire ceci ou cela", "c'est la meilleure chose à faire".

- **Ne cherche pas à philosopher :** "Tout arrive pour une raison, après la pluie viendra la beau temps".

- **Ne cherche pas à ramener à soi :** "Oh moi aussi, j'ai vécu la même chose, à ta place je X..."

- **Ne cherche pas à trouver des solutions :** "Si tu X tu pourras... "

*CHERCHE à écouter pour <u>comprendre</u> et non pas pour répondre.*

**ÉCOUTER**

Laisser l'autre s'exprimer

**TÉMOIGNER DE L'EMPATHIE**

Valider ses émotions et son expérience

**REFORMULER**

Reformuler ses propos

**PRATIQUER DES SILENCES**

L'ÉCOUTE
ACTIVE

**QUESTIONNER**

**MANIFESTER DE L'INTÉRET**

Avec des signaux visuels et verbaux

**OBSERVER LE LANGUAGE CORPOREL**

**SYNTHÉTISER**

Aide l'autre à y voir plus claire

**ÉCOUTER LES ÉMOTIONS**

Adapter son comportement

**RESTER PRÉSENT, CONCENTRÉ**

Pleine conscience

**RESTER NEUTRE & BIENVEILLANT**

Ne pas apporter de jugement

"JE DÉFINIS LA CONNEXION, COMME ÉTANT L'ÉNERGIE QUI EXISTE ENTRE LES PERSONNES LORSQU'ELLES SE SENTENT **ENTENDUES, VU, VALORISÉ** ; LORSQU'ELLES PEUVENT DONNER ET RECEVOIR SANS JUGEMENT."

BRENÉ BROWN.

UN MANQUE DE **LIMITES**, INVITE À UN MANQUE DE **RESPECT**.

ANONYME.

TOUT EST LIÉ,
TOUT EST
ÉNERGIE

# TOUT EST ÉNERGIE

## TAUX VIBRATOIRE ET LOI DE L'ATTRACTION

### Taux vibratoire

Dans l'univers, tout est énergie. Toute matière est faite d'atomes et d'électrons qui sont de l'énergie. Vous êtes donc énergie, je suis énergie et tout ce qui nous entoure est énergie; les animaux, les végétaux, les minéraux, les lieux et même les objets.

Le taux vibratoire peut être défini comme étant la vitesse à laquelle vibrent vos cellules. Autrement dit, c'est l'énergie qui émane de vous ; et c'est la moyenne des vibrations émises par votre corps qui donne votre taux vibratoire. Nous disposons tous d'un champ énergétique qui nous est propre. C'est pourquoi notre fréquence est différente. Notre taux vibratoire se compose de nos émotions, de nos pensées, de nos actions, de nos paroles, et de notre alimentation. Chacun de ces éléments détient sa propre vibration : des vibrations basses ou des vibrations hautes. Si elles sont négatives, vous vibrez à basse intensité et si elles sont positives, vous vibrez à haute intensité.

### Comprendre la loi de l'attraction

La loi de l'attraction nous explique que les énergies équivalentes s'attirent. Que vous attirez à vous ce qui correspond à l'intensité et surtout à la qualité des signaux que vous émettez par vos pensées et émotions. Nos électrons, notre énergie, nos vibrations entrent en résonance avec les vibrations, les énergies, les électrons de notre environnement. C'est un écho, une interaction, une résonance permanente. Ainsi, vous attirez, automatiquement, ce qui vibre à une fréquence égale à la vôtre.

- Donc plus notre taux vibratoire va être bas, plus nos énergies, nos fréquences, nos ondes vont être basses, plus on va entrer en résonance avec d'autres énergies similaires, basses également donc négatives. On va alors s'attirer des choses négatives (malchance, maladies, ennuis, mauvaises fréquentations..).

- Au contraire si on a un taux vibratoire élevé, on va avoir des énergies plus positives et on va entrer en résonance avec des énergies du même type et attirer des événements, des situations, des opportunités, des personnes plus positives.

Notre cœur (nos émotions) et notre cerveau (pensées) doivent émettre un message cohérent. Ce que l'on ressent et ce que l'on pense doivent alors être alignés. On peut répéter des phrases de gratitude, mais si on ne parvient pas à la ressentir, le message ne sera pas cohérent et donc faible. On comprend dès lors l'importance d'avoir une énergie vibratoire élevée, de "vibrer" majoritairement dans un état émotionnel positif. Donc se focaliser sur ce que l'on veut (et non le contraire), de ressentir de la gratitude, de la joie, de l'amour au quotidien, pour en attirer davantage. Il est puissant de se focaliser et chercher (même si ce ne sont que des petites choses au début) ce qui nous procure ses émotions, afin de les faire grandir, s'intensifier, se multiplier.

## LES CHAKRAS - NOS CENTRES ÉNERGÉTIQUES

Vous ne le savez peut être pas, mais il existe 7 chakras : racine, sacré, plexus solaire, cœur, gorge, troisième œil et couronne. Ceux-ci constituent la base de la médecine traditionnelle indienne ou ayurvédique. Ils forment vos centres énergétiques invisibles. Ils se situent dans le corps énergétique, mais sont reliés à des organes physiques, et surtout à des états émotionnels. L'essentiel est de considérer ses chakras comme des petits centres d'énergie qui peuvent parfois se déséquilibrer.

"Chakra" signifie "roue" en sanskrit, et désigne les centres d'énergies du corps humain, généralement au nombre de 7. On peut les représenter comme des vortex placés au carrefour des différents courants organiques qui le traversent. Ces énergies circulent dans les 72 000 canaux du corps pour irriguer les organes, les tissus et l'ensemble des systèmes, respiratoire, digestif, nerveux, endocrinien... Chaque chakra est relié directement à des organes.

La force spirituelle doit avoir la possibilité de passer dans vos chakras sans surplus ni carence et cela de manière équilibrée. Cependant, les émotions, le stress, une mauvaise hygiène de vie, des blessures psychologiques non résolues ou un mal-être peuvent dérégler vos centres énergétique. Les chakras se ferment ce qui empêche l'énergie de bien circuler, entraînant des symptômes physiques et des maladies. Soit ceux-ci ralentissent leur vitesse de mouvement ou rétrécissent traduisant une inactivité de l'organe correspondant, soit ils s'agrandissent ou amplifient leur allure entraînant des complications émotionnelles et physiques.
Afin de pallier à ses désagréments, il est nécessaire d'ouvrir les chakras. Pour harmoniser ses chakras soi-même, il peut être utile de pratiquer régulièrement la méditation, le yoga, des techniques de libération émotionnelle, ainsi que tout travail sur ses blessures du passé et croyances limitantes. **Tout est lié, si vous travaillez vos chakras vous travaillerez par défaut vos blessures, si vous travaillez vos blessures vous agirez par défaut au niveau de vos chakras.**

# CONCLUSION

"La vie apporte son lot de douleur, ta responsabilité est de créer de la joie."
*Milton Erickson*

La vie apporte son lot de douleur certes, mais votre responsabilité est de créer de la joie. Prendre sa vie en main, c'est accepter sa responsabilité dans sa propre vie, dans ses propres choix. La guérison et le changement viennent lorsque l'on cesse de chercher des coupables et que l'on commence à regarder en soi, que l'on commence à chercher et mettre en place des solutions. *Je ne suis peut-être pas responsable des comportements et actes des autres, ni des événements extérieurs mais, je suis responsable de mon monde intérieur. Je suis responsable de ce que je ressens, de mes choix, de mes pensées, mes objectifs et de la manière dont je réagis face à l'adversité de la vie.* **Alors, libérez le passé, appréciez le moment présent et créez votre futur.** Il n'est jamais trop tard pour commencer, ou recommencer. **Je ne cesserais de répéter que vous avez réellement le pouvoir de créer votre propre bonheur.** Mais personne ne peut le faire pour vous. Alors faites de vous-même votre priorité. Faites de vous-même votre meilleur allié, votre meilleur ami, votre meilleur soutien. Vous êtes la seule personne avec qui vous passerez chaque instant, de chaque jour, jusqu'à la fin de votre vie. Alors au final, tout ce qui compte c'est comment vous vous sentez par rapport à vous-même quand vous êtes seul(e). Croyez au changement et croyez en vous!

# BIBLIOGRAPHIE

## LIVRES :

Rompre avec soi-même - *Dr Joe Dispenza*
Un cerveau pour changer : PNL - *Bandler Richard*
Pouvoir illimité - *Tony Robbins*
Le pouvoir du moment présent - *Eckhart Tolle*
Système 1 / Système 2: Les deux vitesses de la pensée - *Daniel Kahneman*
Changer d'état d'esprit - *Carole Dweck*
Le pouvoir des habitudes - *Charles Duhigg*
Miracle Morning - *Hal Elrod*
L'agilité émotionnelle - Susan David
Les cinq blessures qui empêchent d'être soi-même - *Lise Bourbeau*
Le secret - *Rhonda Byrne*


## L'ENSEMBLE DES VIDÉOS / PODCASTS DES CHAÎNES :

Impact Theory - Tom Bilyeu
Jay shetty
Lewis Howes
Ed Mylett
Nicole LePera
Shawn Stevenson
Marissa Peer
Mel Robbins

# TABLE DES MATIÈRES

## TRANSFORMATION PERSONNELLE

Printed in Germany
by Amazon Distribution
GmbH, Leipzig

30870433R00122